特殊儿童心理健康研究

修云辉 著

北京工业大学出版社

图书在版编目（CIP）数据

特殊儿童心理健康研究 / 修云辉著． — 北京：北京工业大学出版社，2024.1重印

ISBN 978-7-5639-6889-3

Ⅰ．①特… Ⅱ．①修… Ⅲ．①儿童教育－特殊教育－心理健康－健康教育－研究 Ⅳ．① G76

中国版本图书馆 CIP 数据核字（2019）第 145846 号

特殊儿童心理健康研究

著　　者：修云辉
责任编辑：张　娇
封面设计：点墨轩阁
出版发行：北京工业大学出版社
　　　　　（北京市朝阳区平乐园 100 号　邮编：100124）
　　　　　010-67391722（传真）　　bgdcbs@sina.com
经销单位：全国各地新华书店
承印单位：三河市元兴印务有限公司
开　　本：710 毫米 ×1000 毫米　1/16
印　　张：12.25
字　　数：245 千字
版　　次：2021 年 10 月第 1 版
印　　次：2024 年 1 月第 3 次印刷
标准书号：ISBN 978-7-5639-6889-3
定　　价：40.00 元

前　言

在我国的儿童群体中，存在着不少的特殊儿童，他们或是因为存在生理、心理方面的障碍，或是受到家庭环境、社会环境等的影响，均处于不利处境。由于自身的特殊原因，特殊儿童群体在成长的过程中面临着各种各样的问题。首先，这些特殊儿童由于自身的缺陷，难以适应和融入正常的学习生活中，甚至遭到他人的嘲笑与歧视。其次，由于家庭破裂、缺乏父母的教育等，导致特殊儿童心理出现问题，并表现出各种不良行为。对于特殊儿童群体，人们应该为其提供良好的成长环境，引导并帮助他们适应正常的社会生活，给予其更多的关心与爱护，使特殊儿童群体能够像正常儿童一样健康成长。通过对特殊儿童群体的观察和分析可以发现，心理健康是影响其健康成长的一个重要因素，本书即以此为研究点，展开对特殊儿童心理健康的研究。

本书第一章对特殊儿童心理健康进行概述；第二章对特殊儿童的心理评估进行研究；第三章对特殊儿童的心理咨询进行研究；第四章至十一章，分别对不同类型的特殊儿童的心理健康进行研究，包括视觉障碍儿童、听觉障碍儿童、智力障碍儿童、学习障碍儿童、情绪与行为障碍儿童、自闭症儿童、超常儿童、处境不利儿童。

本书系以下基金项目的研究成果。

①贵州省教育体制改革试点项目，"医教结合"特殊教育人才培养模式改革研究成果（黔教改办函〔2017〕13 号）。

②贵州省重点学科"特殊教育学"建设成果（黔学位合字 ZDXK〔2015〕19 号）。

为了保证内容的丰富性与研究的多样性，笔者在撰写的过程中参阅了很多关于特殊儿童心理健康方面的资料，在此对相关专家、学者表示衷心的感谢。最后，由于笔者水平有限，时间仓促，书中难免有疏漏和不妥之处，恳请读者批评指正。

目　录

第一章　特殊儿童心理健康概述

特殊儿童有广义与狭义之分。通常为区别特殊儿童，人们将特殊儿童与普通儿童放在一起进行比较。虽然这两者之间存在共性，但较之于普通儿童而言，特殊儿童在发展过程中有独特的心理发展需求，其心理问题不容乐观，亟待在特殊教育和儿童康复实践中解决。

第一节　正常儿童的发育

一、正常儿童认知功能与运动功能的发育

（一）正常儿童认知功能及发育

认知功能指人类在觉醒状态下始终存在的各种有意识的精神活动，包括感觉与知觉、注意力、记忆力、想象力和智力等。

1. 感觉与知觉

感觉是指人脑对直接作用于感觉器官的客观事物的个别属性（如颜色、声音、气味等）的反映以及对于身体状态的感觉，如运动觉、平衡觉等。

知觉是对多种感觉的统合，是人脑对作用于感觉器官的客观事物整体属性的反映，是对感觉的加工过程及对事物各种属性的综合反映。其发育的顺序：对形状的知觉→对物体的整体知觉→会避开危险→能将从不同位置和角度看到的物体统一起来。知觉包括大小知觉、空间知觉、距离知觉、时间知觉、自我知觉等，随着年龄的增长逐步发育。

人在出生后的前几年感知觉发育迅速，在婴幼儿期已完成绝大部分感知觉发育。感知觉发育是探索世界、认识自我过程的第一步，是记忆、思维、想象等心理活动产生和发展的直接或间接基础。

2. 注意力

注意是认知活动对一定对象有选择地集中，是一切认识过程的开始。

新生儿在非条件反射的基础上产生定向反射，这是注意的萌芽。人在 3 个月大时就会出现条件反射性定向反射；1 岁时会产生有意注意的萌芽；3 岁以后有意注意开始发展。

注意能提高人的感受性，使人知觉清晰、思维敏锐，从而使人的行动及时、准确，是人获得知识和提高工作效率的前提。根据注意过程中意识参与的程度，可以将注意区分为无意注意和有意注意。无意注意也被称为不随意注意，是无需意识参与就能产生的注意；有意注意是人在一定的意识控制下产生的注意。

3. 记忆力

记忆是人脑对过去经验的反映，条件反射的出现是记忆发生的标志。人在 3～4 个月时开始出现对人和物的认知，7～8 个月大时的认生是再认的表现，1 岁左右出现明显的回忆，1 岁左右的视觉记忆表象是回忆的表现，在 1 岁以前的记忆都是无意记忆，记忆保持的时间通常较短，在 1～3 岁时，陆续出现情景记忆、词语理解记忆与图形符号记忆。个体的记忆按照内容发育的顺序，动作记忆最早出现，在出生后 2 周左右出现，其次是情绪记忆，出现在 6 个月左右，6～20 个月开始出现形象记忆，逻辑记忆则在一岁的时候出现。

4. 想象力

想象是对已有表象进行加工改造，形成新形象的过程，萌芽于婴儿期。1～2 岁的儿童由于言语发育较差、缺乏经验，虽然有想象的萌芽，但这还不是想象；个体到了 3 岁大的时候，随着经验的增多与言语能力的发展，渐渐能够简单地想象，例如，在玩过家家的时候，儿童把布娃娃当主角。

5. 智力

3 岁前婴幼儿主要的智力特点是感觉运动协调性。儿童依靠感知到的信息对外在世界做出反应，在动作中进行思考，通过协调感知和动作来"解决问题"，但还不会考虑到自己的动作、计划动作、预计动作的结果。1 岁后，儿童开始有了初步的概括能力，产生了直觉行动思维。2 岁末，儿童开始逐渐摆脱对动作的依赖出现某些当时不存在的事物的表象。

（二）儿童认知发育与动作发育

认知起源于动作，思维则是动作的内化和自动化。因此，在康复治疗中，让儿童多动手、多操作是非常重要的学习方式。

手的发育使儿童逐步掌握成人使用工具的方法和经验，儿童开始把手作为认识器官感觉外界事物的某些特性，手和眼的协调活动还可以为儿童具体形象思维概念的发育奠定基础。儿童动作发育与身体发育以及神经系统发育密切相关，动作发育能够为认知功能发育创造条件。

随着大脑结构与功能的发育以及身体的进一步生长发育，幼儿的运动能力也获得了一定的发展。幼儿逐渐学会有意识、有目的地支配、调节、控制自己的动作，运用小肌群和大肌群的能力提高，动作的协调性、灵敏性增强，并形成了一些简单的运动技能和技巧。同时，其社会性和情感也得到进一步发展，为进入学龄期儿童的认知发育阶段及进入学校学习奠定了基础。

（三）视觉功能发育与精细运动

认知发育、运动功能发育等密切相关，视觉功能发育的关键期是生后6个月，眼球运动的自由控制功能在出生后6个月左右发育成熟，于1岁左右接近成人，进而引导了精细运动功能的发育，使其更加精确、更为协调和迅速。1岁前是婴幼儿视觉发育的黄金时期，生后6个月内视功能发育最快，7个月至4岁相对变慢，9岁发育基本成熟。视觉发育包括视觉定位、注视、追视、视线转移等，分为视觉信息反馈处理阶段（0～2个月）、物体辨认阶段（3～6个月）、精细辨认物体阶段（7个月以后）。

（四）手眼协调能力发育与精细运动

1. 手眼协调能力发育过程
手眼协调能力发育过程主要包括以下5个阶段。
①手张开及双手抱握阶段（0～3个月）。
②手功能开始发育阶段（4～6个月）。
③手功能多样化发育阶段（7～9个月）。
④手功能熟练阶段（10～12个月）。
⑤手眼协调能力快速发展阶段（1～3岁）。
2. 手眼协调能力发育特征
手眼协调能力发育具有以下6个特征。
①由整体运动向分离运动发育。
②抓握的稳定点由近端逐渐向远端发育。
③眼和手发育的共同形式。
④从防御向功能发育。
⑤从手到眼的发育。

⑥利手的发育。

3. 手眼协调能力发育的意义

手眼协调能力发育具有以下4个方面的意义。

①通过眼睛能真实地了解周围的事物，手也是认识事物的重要器官，手的活动可以促进脑的发育。

②通过手和眼的共同作用，可以发现手中物品更多的特性，更快、更全面地了解周围环境。

③在眼睛的监控下，通过手的动作，还可以发现物体的上下、左右、前后等空间特性。

④只有手眼协调活动才能有效地促进小儿的各项能力的全面发展。因此，手眼协调能力的发育对促进儿童的运动能力、智力和行为起着非常重要的作用。

二、儿童游戏能力的发育

（一）游戏的类别

按目的分类，游戏包括创造性游戏、教学性游戏、活动性游戏等。

按社会化程度分类，游戏包括偶然游戏、单独游戏、旁观游戏、平行游戏、联合游戏及合作游戏等。

（二）儿童游戏的发育

儿童游戏的发育与其生理、认知发育密切相关。游戏的内容、形式、结构等随着儿童的发育而改变，反映了儿童的发育水平。了解儿童游戏的特点，有助于了解儿童整个身心发育的情况，也有助于有目的地通过游戏不断促进儿童生理和认知的发育。

（三）游戏在儿童认知发育中的作用

游戏在儿童认知发育中有如下作用。

①游戏使得儿童直接接触玩具和各种材料，通过具体的操作活动促进各种感觉器官的发育和观察力的发展。

②游戏中往往重复地反映儿童经历的事件，起到加深知识理解和巩固记忆的作用，同时由于扮演角色的需要，儿童必须自觉地、积极地、有目的地去记忆游戏规则和事件情节，发展了有意记忆能力。

③游戏是一个积极、主动的再创造过程，促进了儿童思维能力的发育。

④游戏中儿童不断变换自己的身份，这促进了儿童想象力和创造力的发展。

⑤儿童彼此之间交谈机会也逐渐增多，这又促进了语言能力的发育。

⑥游戏还能够对儿童情感发育和儿童个性的形成起到促进的作用。在儿童作业治疗，特别是婴儿童的作业治疗中，游戏应该作为一种重要手段贯穿始终。

三、儿童日常生活活动能力的发育

（一）摄食行为的发育

摄食行为的发育与以下几个方面相关。

①能否用眼睛持续地看着食物及摄食用具。

②能否把上肢和手伸向食物和饮食用具。

③能否用手、勺、筷子等拿或摄取食物。

④能否把食物拿起及送到口中。

⑤能否用牙咬、切、咀嚼食物。

⑥能否闭合口唇，使食物不向外溢。

⑦能否使食物在口腔中形成食物块。

⑧能否用舌将食物送入咽喉部。

⑨能否将食物吞咽下去等。

儿童在出生后，就会本能地张开嘴向外界摄取食物，以满足自身的生理需求，有了吸吮及吞咽等最基本的进食动作反射。

1个月大时，空腹被抱起时脸面即转向母亲的乳房方向。

3个月大时，吸吮乳汁时可用手触摸母亲的乳房或奶瓶。随着年龄的增长，伴随有意识的主动摄食动作的增多，最基本的反射逐渐减退直至消失。

出生后7～8个月大时，见物可伸手抓，并可送到嘴里，用双手拿着奶瓶。

9～12个月大时，开始用手抓东西吃，并能自己抓住杯子喝水。吃饭时，也极愿意用汤匙来自己吃，但还很难吃到嘴里，仍需家长辅助，此时儿童咀嚼食物能从牙床中部移至侧部。儿童开始学会用汤匙喝菜汤、米汤，并能咽下。

2岁时，可以正确使用汤匙吃饭，知道什么东西可以吃，什么东西不可以吃，能使用水杯饮水，并能用吸管吸水，等等。随着年龄的增长，逐步学会了较复杂的进食动作，进食技巧随着时间的推移逐渐提高。

（二）更衣动作的发育

更衣动作的发育与儿童运动功能的发育相关，如头部的控制能力、手的抓握和放松能力、腕关节的伸展能力、双手的协调动作能力、抓握和拉起衣物时拇指的伸展和外展的能力以及基本的体位转换能力等。更衣动作的发育也与认知能力发育相关，如认识身体部位的能力，认识衣物及衣物不同部位的能力，知道左、右和上、下、前、后等的空间概念，认识不同季节的衣物，等等。此外，更衣动作的发育还与注意力和记忆力发育等相关。

因此，依据上述基本功能的建立和发展，正常儿童更衣动作的发育为以下顺序。

1个月大时，可以配合穿衣，如屈曲上肢等。

18个月大时，可自己脱下连指手套及袜子，会摘下小帽子。

24个月大时，会脱下没有鞋带的鞋子，为其穿衣时可以配合，看见袖管可将上肢伸进去。

36个月大时，对脱衣服的动作很感兴趣，也有能力脱衣服，脱衬衣和毛衣时需要少许的帮助；可用手将扣子从扣眼中推出；穿衣服时不明白衣服的前后，容易将衬衣的前后穿反；穿袜子时不能正确地找到袜子的足跟。会穿鞋但不分左右，想系鞋带，但常系错。

48个月大时，稍稍帮助即可穿、脱衣服，已经懂得前后，能正确地穿衣服。

60个月大时，完全独立地穿、脱衣服。

72个月大时，会系鞋带。

（三）如厕功能的发育

如厕功能的基本动作包括：下蹲、坐于便盆上、大小便的控制、便后擦拭、从坐的便盆上站起来。为完成这些动作，儿童需要具备以下基本功能：平衡能力、头部的控制能力，身体的对称性，手的抓握、持续的抓握和放松能力，膝关节的伸展和活动能力，躯干的伸展能力踝关节的屈曲、伸展能力和背屈能力，下肢的伸展和外展能力，身体重心的移动能力，褪下裤子和提起裤子的能力，认识身体各个部位的能力，明白坐于便盆上之后需要进行的"把两腿分开"的意思，自己控制大小便的能力，便后自己进行清洁的能力，等等。

18个月之前的幼儿由于神经系统发育尚未完善，不能自主控制肠道、膀胱和肛门周围组织，因此难以实现独立如厕和自身清洁，但可利用便盆帮助其如厕。通常，儿童在2岁至2岁半时，大小便肌肉的控制与神经系统发展较为成熟，且儿童较了解成人的指令、喜欢模仿成人、渴望表现独立，此时他在生理和心理上已经准备好，能在白天控制大小便，多数儿童通过训练能保持衣裤的清洁和干燥。即使不进行训练，儿童到了4岁大时也能独立上厕所、自己解大小便，能够保持衣裤的清洁和干燥。正常儿童如厕能力的发育还受地区、习惯、穿着衣服类型、家庭帮助程度等因素的影响。

（四）洗漱、修饰及沐浴功能的发育

洗漱、修饰及沐浴功能的发育是伴随儿童运动及认知功能发育而实现的，只有上述功能发育到以下程度时，儿童才能学习和完成独自洗漱的任务。

1. 粗大运动功能的发育

儿童能够控制正确的姿势，具有手的正中位指向、平放和越过中线的能力，腕关节、肘关节和肩关节的活动能力，等等。

2. 精细运动能力的发育

儿童双手的协调能力发育较成熟，具有用一只手固定身体、活动另一只手的能力，手与口、手与眼的协调能力等。

3. 认知能力的发育

儿童知道需要洗漱和沐浴的身体部位名称和特征、洗漱和沐浴用具的用途和使用方法等。因此，儿童一般要在 3～5 岁时可以自己洗脸；在 6～7 岁时可以学习刷牙，学习自己洗手帕、洗袜子，学习自己沐浴，等等。

（五）学习能力的发育

学习是指人获得和积累经验的过程，也是个体以心理变化适应环境变化的过程。学习能力是指学习的方法和技巧，是所有能力的基础，是以听、说、读、写、计算、思考、逻辑推理等认知能力及社会适应能力为核心内容的经验积累过程。学习能力与注意力、观察力、记忆力、思考能力、想象力、创造力、应用能力等相关，也与情感、兴趣、动机、信念、性格等相关。

学习能力还与运动功能、交流能力、视听功能的发育以及环境因素等相关。因此，不同年龄段的儿童学习能力处于不同的发展阶段，不同发育水平的儿童的学习能力处于不同阶段，不同环境条件下的儿童学习能力会有差别。例如，儿童接受教育的条件与方式不同，会对其学习能力的发展产生不同程度的影响。

第二节　特殊儿童的概念与分类

一、特殊儿童的概念

特殊儿童首先是儿童，其次才是有着特殊性的儿童，特殊儿童的特殊性来自个体差异的显著性，这种显著的差异性引发了教育上的特殊教育需要。特殊

儿童的概念是一个历时性的概念，是随着时代发展而不断变化的概念。

（一）儿童与特殊儿童

在定义特殊儿童之前，首先要界定儿童这个概念。一般情况下，儿童是指0～12岁的未成年人。但是，联合国《儿童权利公约》规定，"儿童系指18岁以下的任何人，除非对其适用之法律规定成年年龄低于18岁"。

顾名思义，特殊儿童是有别于一般的儿童，或者说是有着特殊性的儿童，是与一般儿童、普通儿童或正常儿童相对的概念。由于研究视角的差异，不同的学科对于"特殊"含义的理解也有所不同。本书所讲的特殊儿童是一个教育学的概念，它不同于一般的生物学、心理学、社会学的理解，但又有一定联系。从教育学的视角出发，所谓特殊儿童是指基于个体差异的显著性，在其身心发展过程中有着特殊教育需要的儿童。这种特殊教育需要则是由儿童的个体差异导致其身心发展过程中对特殊教育条件的依赖。也就是说，儿童个体差异具有"特殊性"，所以在对这些儿童进行教育时除了要使用一般的教育措施之外，还需要特别设计的教育内容、方法和手段。因此，要理解特殊儿童的特殊性，就必须从个体差异和特殊教育需要这两个层面进行分析。

（二）个体差异与特殊教育需要

特殊儿童的特殊性在于其身心的殊异性所引发的特殊教育需要。

1. 儿童的个体差异

世界上没有两片相同的树叶，同样，在身心构成上也没有完全相同的人。每一个儿童都有其独特的身心特征，它们之间存在着个体差异。所谓个体差异是个体区别于他人的身心特征，即"不同个体之间在行为和个性特征上相对稳定的不相似性"。人的个体差异性存在于不同层次上，主要表现为群体差异、个体间差异和个体内在差异三个方面。

（1）群体差异

群体差异是指具有某些共同特征的个体组成的群体之间的差异。从群体的角度来看，首先表现为男、女性别的差异，它不仅是自然性别上的差异，还包括由性别带来的生理机能和社会地位、角色、交往群体的差别。

（2）个体间差异

个体间差异是不同个体之间的差异，个体间差异表现在个体身心的所有构成方面，例如以下几个方面。

①发展水平的差异：能力及其构成方面。

②心理特征表现方式上的差异：如兴趣、认知风格等。

③生理机能上的差异：如视力、身高、体重、容貌等。

（3）个体内在差异

个体内在差异是指个体内身心诸要素之间存在的差异，主要表现为诸要素之间的不平衡、不协调性。例如，一个儿童自身的生理发展水平高于心理发展水平，或心理成熟水平高于年龄生理发展水平，所谓"少年老成"就是指这种现象。

个体差异的存在，对儿童的教育有着复杂而重要的影响。个体差异不同，儿童个体的教育需要往往也有所不同，当影响儿童的个体差异因素达到一定的程度时，必然会引发个体不同于一般的特殊教育需要。

2. 特殊儿童的特殊需要

特殊儿童在其教育上除了一般的需要外，还有个体特殊的教育需要。所谓特殊教育需要是指"儿童基于个体差异的显著性，在学习过程中产生的特殊需要，是特殊儿童在其身心发展过程中对特殊教育条件的依赖性"。这里的"条件依赖性"是指缺少某种条件，个体就无法顺利学习，也无法顺利地获得相应的身心发展。例如，盲童由于视觉障碍，普通印刷的汉字课本无法适应他们的学习需求，必须为其提供盲文课本或用其他的条件来替代。因此，盲文对于一个全盲的儿童来说，就是他在学习过程中不可缺少的一个特殊教育条件；同样，聋童因为听觉障碍，他们一般无法感知有声语言，以手语来传递教学信息、进行沟通交流，也是一种特殊的教育需要。

可见，特殊教育需要是由儿童的个体差异引发的，但这不是说个体差异就一定引发特殊教育需要。因此，个体差异是否引发特殊教育需要取决于以下两个条件。

（1）个体差异是否具有教育意义

只有影响教育教学的个体差异才有教育意义，才会引发特殊教育需要。譬如生理方面的容貌差异，一般不具有教育意义，因为它们不会影响到儿童学习，自然也就不会引起特殊教育需要，而生理方面的视力差异则肯定会影响学习，对教育教学就有意义了。

（2）个体差异是否达到一定程度

具有教育意义的个体差异必须达到一定程度，才具有区别性意义，才可以引发特殊教育需要。轻微的差别并不会引起特殊教育需要，比如，一般性的近视与正常视力之间虽然存在差异，但对教育教学产生的影响很小。但是，若是盲或低视力，其与正常视力之间的差异较大，就具有重要的教育意义。也就是说，当"差异偏离达到这样的程度，即需要改进学校的实践活动，或需要特殊的教育服务，儿童的能力才能得到最大限度的发展"时，这样的差异就构成了特殊教育需要的前提条件。

（三）特殊儿童概念的演变

特殊儿童是一个不断发展的概念，是随着社会发展而不断变化和演进的。特别是在当代，受到全纳教育思潮的影响，人们基于对"特殊"的不同认识，往往会从教育、医学、心理、社会文化等不同的方面来界定和描述特殊儿童的概念、范围等，且这样的概念、范围以及术语往往也在不断地变化。一般来说，特殊儿童概念主要经历了从传统的"特殊儿童"到当代"特殊教育需要儿童"的变化。

1. 传统的"特殊儿童"概念

传统的特殊儿童概念有狭义、广义之分。狭义的特殊儿童，主要是指残疾儿童，又被称为"缺陷儿童""障碍儿童"，是指在身心发展上有各种缺陷的儿童。需要说明的是，由于狭义的特殊儿童身心发展有缺陷，因此他们不仅是特殊教育研究的对象，而且往往首先是医学研究的对象。医学界论及他们时会使用"缺陷""损伤""残疾""障碍"等术语。世界卫生组织根据保健方面的经验及对疾病后果的评定分类，对"缺陷""残疾"和"障碍"三个词的概念做了定义和区分。

（1）缺陷

缺陷是指心理上、生理上或人体结构上的某种组织或功能的任何形式的丧失或畸形。

（2）残疾

残疾是指由于缺陷而缺乏作为一个正常人以正常姿态从事某种正常活动的能力或具有任何限制。

（3）障碍

障碍是指一个人由于缺陷或残疾处于某种不利地位，以致限制和阻碍该人发挥年龄、性别、社会与文化因素应能发挥的正常作用。

可见这三者是相互关联的递进的关系。

2. 当代"特殊教育需要儿童"概念

随着社会的发展和观念的进步，人们提出了"特殊需要儿童"或"特殊教育需要儿童"的概念。1978 年，英国发布了《沃诺克报告》，首次提出"特殊教育需要儿童"这一术语，指出特殊教育需要既包括轻微、暂时性的学习困难，也包括严重的、永久性的残疾。报告认为，传统的残疾分类仅具有医学的意义，对于儿童的教育没有帮助。每个儿童都有自己的独特需要，特殊儿童与普通儿童的特殊需要只有量的区别，而没有本质的区别；用"残疾""缺陷"来表述特殊儿童不仅具有贴标签的歧视意味，也强化了对他们的隔离与不平等对待。因此，应该用"特殊教育需要儿童"来指代残疾儿童或特殊儿童。纵观目前国内外有关特殊教育需要儿童的观点，可以按引发特殊教育需要的类型将特殊教育需要儿童分为两大类。

一类是由个体身心差异引发的特殊教育需要儿童，既包括超常儿童或具有某些特殊才能的儿童，又包括身心障碍儿童。身心障碍儿童又可分为残疾儿童和问题儿童。残疾儿童是指身心有各种残疾的儿童，传统上又称为缺陷儿童、损伤儿童等；问题儿童是指没有生理残疾，但在情绪、行为或学习等方面存在着明显问题导致发展障碍的儿童。

另一类是由个体的社会、文化背景差异性所引发的特殊教育需要儿童，主要指社会处境不利儿童或弱势儿童。他们往往因为经济、文化、民族、地域等而处于弱势地位，在教育上有着特殊的需要，如贫困家庭子女、城市下岗工人家庭中的儿童、随父母打工而生活在城市的农民工子弟、边远落后地区的少数民族儿童等。

二、特殊儿童的分类

特殊儿童的分类是一个非常复杂的问题，尤其是关于障碍儿童的分类就更加复杂了。它不仅仅涉及教育，还涉及特殊儿童教育历史、社会心理、情绪伦理、法律法规和公共政策的方方面面。

特殊儿童的分类首先涉及分类的伦理问题，有赞成分类的，有反对分类的。持不同观点的人都有着各自的理由。例如，赞成分类者认为，分类有助于明晰特殊儿童的障碍性质和类别，这样就可以有针对性地对特殊儿童进行恰当的安置，并提供相应的特殊教育与服务，也有助于对特殊儿童进行因材施教。反对分类者认为，一些现行的分类及方法容易导致严重的标签化问题，比如，把视觉障碍儿童说成"瞎子"不仅带有消极的贬损歧视意味，还强化了特殊儿童与普通儿童的区别，给残疾儿童烙上无形的标记，往往造成特殊儿童消极的自我概念，同时也让教育者降低了教育期望。这不仅不公平，也无助于提高教育质量。因此，特殊儿童的分类犹如一把双刃剑，积极性与消极性相伴而生。

尽管关于分类的争议不断，但是越来越多的人还是认为对特殊儿童进行分类是有必要的，关键是如何找到一种比较好的分类方法，尽可能地减少分类带来的消极影响。因此，对于特殊儿童的分类，相关学者普遍认为必须秉持两个基本原则：无歧视原则和去标签化原则。

无歧视原则是指必须以尊重的态度和科学的方法来进行分类。这是消除分类造成消极标签化影响的首要原则。其实，标签的危害不在于分类本身，关键在于分类时所持的态度和方法是否正确合理。因为开展具体的教育教学活动或特殊儿童的教育研究，都需要进行分类。这样才能明晰和把握特殊儿童的身心特点，实施有针对性的教育。但是，在对特殊需要儿童进行教育时，教师应首先确立一种无歧视的教育理念，以科学有效的方法进行分类。只有这样才能充分维护障碍儿童的尊严，肯定他们的价值地位，也只有这样才能对他们抱有更高的积极发展期望。

去标签化原则是尽量采取尊重性标签分类，以求最大限度地降低标签化消极影响。去标签化并不意味着完全地消除标签、不分类，而是说要在无歧视原则的基础上，尽量避免贬低性的标签术语的使用，提倡尊重性的标签术语，运用一些如"障碍""特殊需要"等肯定性的术语来描述儿童的特点。因为"标签是不可避免的，种标签被废除，又会被另一种标签所代替，即使废除标签，也不会从根本上消除社会上对残疾人的歧视和偏见"。去标签化分类的策略是采取选择性的标签称谓来替代传统具有贬损意味的标签术语，例如，把弱智儿童改为智力障碍儿童或智力挑战儿童，把特殊儿童称为有特殊教育需要的儿童，等等。

根据不同的分类目的、范围，特殊儿童有不同的分类依据和方法；同样，不同的国家和地区、不同的教育发展时期，对于特殊儿童范围的理解、界定和类别划分也各有不同。一般对于超常儿童的分类相对比较简单，也不存在多少复杂的争论。相比之下，特殊儿童的分类就要复杂得多。目前，特殊儿童分类有多种方法，有以相关法规为依据的，有以障碍的系统特征为依据进行划分的，也有按障碍程度区分的，还有以障碍发生率为依据进行分类的。尽管这些划分角度不同，在范围上有所重叠交叉，但基本涵盖了各国或不同地区的障碍分类。

（一）以相关法规为标准进行分类

相关法规是各国特殊儿童分类的主要依据。这种分类方法主要以医学诊断为基础，辅以心理学为依据，即以临床症状，解剖、病理或生理特征为基础来划分，这种分类方法可以比较明确地区分不同的残疾或障碍类型及其性质。下面分别介绍一下我国大陆地区和美国有关的分类情况。

1. 我国的分类

我国于 2011 年发布的《残疾人残疾分类和分级》国家标准规定，按不同残疾类型分为视力残疾、听力残疾、言语残疾、肢体残疾、智力残疾、精神残疾和多重残疾七类。各类残疾的定义分别如下。

（1）视力残疾

视力残疾是指各种原因导致双眼视力低下并且不能矫正或双眼视野缩小，以致影响其日常生活和社会参与。视力残疾包括盲及低视力。

（2）听力残疾

听力残疾是指各种原因导致双耳不同程度的永久性听觉障碍，听不到或听不清周围环境声及言语声，以致影响其日常生活和社会参与。

（3）言语残疾

言语残疾是指各种原因导致的不同程度的言语障碍，经治疗一年以上不愈或病程超过两年，而不能或难以进行正常的言语交流活动，以致影响其日常生活和社会参与。包括失语、运动性构音障碍、器质性构音障碍、发声障碍、儿童言语发育迟滞、听觉障碍所致的言语障碍、口吃等。

（4）肢体残疾

肢体残疾是指人体运动系统的结构、功能损伤造成的四肢残缺或四肢、躯干麻痹（瘫痪）、畸形等导致人体运动功能不同程度丧失以及活动受限或参与的局限。

肢体残疾主要包括：上肢或下肢因伤、病或发育异常所致的缺失、畸形或功能障碍；脊柱因伤、病或发育异常所致的畸形或功能障碍；中枢、周围神经因伤病或发育异常造成躯干或四肢的功能障碍。

（5）智力残疾

智力残疾是指智力显著低于一般人水平，并伴有适应行为的障碍。此类残疾是由于神经系统结构、功能障碍，使个体活动和参与受到限制，需要环境提供全面广泛、有限和间歇的支持。

智力残疾包括在智力发育期间（18 岁之前），由于各种有害因素导致的精神发育不全或智力迟滞；或者智力发育成熟以后，由于各种有害因素导致智力损害或智力明显衰退。

（6）精神残疾

精神残疾是指各类精神障碍持续一年以上未痊愈，由于存在认知、情感和行为障碍，以致影响其日常生活和社会参与。

（7）多重残疾

多重残疾是指同时存在视力残疾、听力残疾、言语残疾、肢体残疾、智力残疾、精神残疾中的两种或两种以上残疾。

2. 美国的分类

美国 2004 年《残疾人教育促进法》把特殊需要儿童分为 13 类，并对每一类都下了定义。目前，国际上大多数国家都沿用了《残疾人教育促进法》中的分类。

（1）学习障碍

学习障碍指在涉及理解或使用语言、说话或写作的基本心理过程中，存在一种或多种障碍，表现为听、说、读、写、思考及数学计算方面存在缺陷。

（2）言语或语言障碍

言语或语言障碍属于一种交流障碍，如口吃、口齿不清、发音器官损伤等。

（3）智力障碍

智力障碍指智力显著低于正常水平的儿童，其伴随症状为适应性行为的不足，从而导致学业不良。

（4）情绪障碍

情绪障碍指在较长时间内表现出某种程度的情绪症状，从而影响学业成绩。

（5）多重障碍

多重障碍指同时伴有多种功能损伤，导致其教育需求不能单独由各个单项障碍的特殊教育计划来满足。多重障碍不包括"聋—盲"障碍。

（6）听觉障碍

听觉障碍指在听觉功能上存在永久性或暂时性缺陷从而影响儿童的学业成绩。

（7）肢体运动障碍

肢体运动障碍指由于某种身体损伤导致儿童的学业成绩不良，包括由疾病引起的先天畸形（如小儿麻痹症等），以及由其他原因（如脑瘫等）引起的后天缺陷。

（8）其他健康障碍

其他健康障碍指力量、灵活性或警戒性不足，以及对环境刺激的过分紧张，从而导致儿童对学习环境的适应能力不足。其产生原因是一些慢性或急性疾病，如哮喘、糖尿病、癫痫、血友病、白血病、肾炎、风湿热等。

（9）视觉障碍

视觉障碍指视觉功能缺陷，包括低视力及全盲。

（10）自闭症

自闭症是一种发展障碍，它在 3 岁前便能明显影响儿童言语交流能力及社会交流能力，从而影响儿童的教育表现。

（11）聋—盲

聋—盲伴有听觉及视觉障碍，仅凭听觉障碍儿童或视觉障碍儿童的特殊教育计划无法满足他们的交流、发展及教育需求。

（12）外伤性脑损伤

外伤性脑损伤指由于外界物理因素造成的脑损伤。它将导致脑功能或心理功能全部或部分受损，从而影响儿童的学业。

（13）发展迟缓

发展迟缓指经过一定工具及程序确定，在一个或多个领域，如生理发展、认知发展、交流能力、社会情绪发展以及适应能力等方面存在问题。

（二）以障碍的系统特征为依据进行分类

以障碍的系统特征为依据进行分类是指根据障碍的某些相似性特征进行归类的一种分类方法，这种方法在特殊教育活动中运用得最为普遍，主要可分为感官性障碍儿童、发展性障碍儿童、身体健康障碍儿童、沟通障碍儿童、多重障碍儿童五类。

1. 感官性障碍儿童

感官性障碍儿童是指因感觉器官问题造成感觉通道存有障碍的儿童，主要指视觉或听觉障碍儿童。

2. 发展性障碍儿童

发展性障碍儿童是指因感觉发展迟滞、失调、损伤，或在认知、沟通、社交及运动能力等发展领域存在着障碍，导致在生活自理、社会参与等方面有着明显限制的儿童。发展性障碍儿童在其发展的某些阶段或过程中存在着一些共同的特征，主要包括智力障碍、自闭障碍、脑瘫、脑外伤、癫痫及情绪行为障碍。

但需要说明的是，美国《残疾人教育促进法》中是把发展迟缓作为一种与智力障碍分开单列的类型主要是指儿童在 9 岁以前，在生理发展、认知发展、语言及沟通发展、心理社会发展或生活自理等方面，显著落后于同年龄儿童，但其原因未知或难以进行障碍的分类，同时也为了避免标签化，而统一用发展迟滞来指称。

3. 身体健康障碍儿童

身体健康障碍儿童包括肢体障碍和身体病弱两类。身体病弱儿童又被称为健康障碍儿童，是指因身体长期患有疾病或体质赢弱而存在学习困难的儿童。

4. 沟通障碍儿童

沟通障碍儿童是指因言语或语言问题造成沟通交际障碍并影响学习的儿童，主要分为言语障碍和语言障碍两类。

5. 多重障碍儿童

多重障碍儿童是指兼有两种或两种以上障碍，且障碍之间没有因果或其他连带关系的儿童。

（三）以障碍程度为依据进行分类

根据障碍对儿童影响的程度，或障碍引起特殊需要的支持程度对特殊教育需要儿童进行分类，可分为轻度与重度障碍儿童。在教育上，障碍程度相同的儿童可以采取某些类似的教育方式或措施，因为同一程度的障碍儿童的许多特征都相同或相近。

1. 轻度障碍儿童

轻度障碍儿童主要是指障碍的综合影响造成的教育问题程度较轻，在学习和生活中需要简单、有限的特殊支持的儿童，主要包括轻度智力障碍、轻度学习障碍和轻度情绪障碍这三类儿童。轻度障碍儿童有很多的相似特征，很多的干预措施是可以通用的，并且在普通学校的课堂里随班就读时，他们不需要特殊教育教师全天候提供帮助就能够有效地进行学习。

2. 重度障碍儿童

重度障碍儿童指那些因为严重的肢体、智力或情绪问题，需要较高的专业化教育、社会、心理和医疗服务以使他们的潜能得到最大发展，才能在社会中有质量地生活，有意义地参与社会事务，进而实现自我的儿童。

重度障碍儿童包括有严重情绪困扰（包括精神分裂症）、自闭症、重度智力落后，以及有两种或两种以上障碍的多重障碍者，如又盲又聋者、智力落后且盲者、脑瘫且聋者等。

重度障碍儿童一般都有严重的言语语言障碍或认知缺陷，以及明显的不正常行为，例如，不能对社会刺激做出反应、有自残行为、长时间发脾气等。他们一般都缺乏基本的言语交际能力，有些儿童身体状况也很虚弱。总之，重度障碍儿童在适应技能方面所需要的支持非常广泛，并且一般来说，会同时存在两种或更多的障碍。

需要指出的是，这里所谈及的障碍程度划分主要指类别划分。实际上，每个类别障碍儿童的内部也可以按其障碍程度进行更细的程度层次划分。根据我国《残疾人残疾分类和分级》的国家标准，对其中每类残疾按其程度分为四级：残疾一级、残疾二级、残疾三级和残疾四级。残疾一级为极重度，残疾二级为重度，残疾三级为中度，残疾四级为轻度。

（四）以障碍发生率为依据进行分类

发生率又称出现率，是一个统计学词汇，它是指在某时间段内一组人群中新发生障碍的例数。依据障碍的发生率，可以把障碍儿童划分为低发生率障碍儿童和高发生率障碍儿童，而每个国家或地区的障碍发生率也有所不同。

低发生率障碍儿童的总数低于所有障碍儿童人数的20%，主要包括自闭症中重度障碍或多重感官障碍、肢体及其他健康障碍儿童等。低发生率障碍儿童的最显著的特征是需要多样、复杂的特殊教育支持和精细化的教学辅助。

与此相反，高发生率障碍儿童总数高于所有障碍儿童人数的80%，主要包括言语或语言障碍、学习障碍、情绪障碍或轻度智力障碍儿童等。高发生率的障碍儿童有三个方面的共同特征。

首先，如果不是因为障碍，在一般的生活场景中（尤其是在非学习场景中），人们很难将他们与其他同伴区分出来。

其次，他们常常表现出与行为、社交和学业相关的综合性问题。

最后，这些儿童需要系统的、具体的、结构化的教育教学及干预措施。与低发生率障碍儿童相比，高发生率障碍儿童的教育主要是通过教学的调适来满足其特殊需要，而不是通过课程的全面调整。

第三节　特殊儿童与正常儿童之间的共性与差异

一、特殊儿童与正常儿童之间的共性

（一）生理组织结构相似

特殊儿童与普通儿童一样，也是正在生长、发育着的儿童，随着年龄的增长，其身高、体重、身体的形态、结构、功能等都在自然地生长和变化着。他们同样要经历乳儿期、婴儿期、幼儿期、儿童期、少年期、青年期等重要的发育阶段。在青春期，特殊儿童的身体也会发生急剧的变化。比如，女孩的乳房开始发育，月经来潮，身体变得丰满；男孩的喉结开始增大，声调变粗，胡须逐渐长出。

（二）心理需求要素相似

在心理方面，特殊儿童同样遵循着普通儿童心理发展的基本规律。特殊儿童的心理发展基本上也是遵照由低到高、由简单到复杂的顺序发展的。例如，视觉障碍儿童、听觉障碍儿童、天才儿童等特殊儿童的思维发展首先都要经历感知运动阶段，然后是前运算阶段和具体运算阶段，最后才能达到形式运算阶段。

1. 遗传为特殊儿童的心理发展提供了可能性

遗传是特殊儿童心理发展的基础。遗传给特殊儿童带来与生俱来的解剖生理的特征，其中，中枢神经系统的特征决定了特殊儿童心理发展的可能性。例如，一个生下来就是全盲的儿童是不可能成为画家的；一个唐氏综合征儿童很难成为科学家；自闭症患者可能终身都会带有这种病症所特有的某些特征，从而限定了其未来的发展方向。

2. 环境和教育规定了现实性

不是所有的残疾都是由遗传决定的，人们不应夸大遗传对特殊儿童心理发展的作用。如果教师和家长因为某个儿童有残疾而低估他，不为他提供适当的教育，这将会大大影响到他的发展潜力，并且还会使他的心理发展受到很大的限制。即使是遗传因素非常优异的天才儿童，如果没有给予他们适当的教育与发展环境，也将会限制他们的潜能发展。

3. 教育在特殊儿童的心理发展上起主导作用

教育对儿童施加的是一种有目的、有计划、有系统的影响。无论是在普通教育还是在特殊教育中，教育者都要根据一定的教育目的来组织教育内容，并且采取适当的教育方法，对儿童心理发展施加系统的影响。这种影响目标明确，方向性强，产生的效果无疑比环境中其他无目的的影响要大得多。目前，我国的盲人、聋人、培智学校正在实施课程改革，目的就是要进一步明确新时期特殊学校的教育目标和任务，探讨各种切实有效的教育教学方法，从而更好地发挥教育在特殊儿童心理发展上的主导作用。

4. 外因必须通过内因才起作用

什么是特殊儿童心理发展的内因呢？根据我国著名儿童心理学家朱智贤的观点，在儿童不断积极活动的过程中，社会和教育向儿童提出的要求所引起的新的需要和儿童已有的心理水平或心理状态之间的矛盾，就是儿童心理发展的内因。这个内因是儿童心理不断向前发展的动力。

特殊儿童的新需要和他们已有的心理水平或状态是矛盾的双方。这两个方面既是相互统一、相互依存的，又是互相对立互相否定的。说它们相互依存、相互统一是因为特殊儿童的需要总是在一定的心理水平上产生。例如，智力障碍儿童中没有想当科学家的，因为社会不会对他们提出这样的要求；即使社会对他们提出了这样的要求，也很难转化为他们内心的需要。反过来说，某种心理水平的形成，也有赖于是否有相应的需要。如果一个儿童没有表达语言的需求，不需要使用话语即可获得他所想要的东西，那么他的词汇知识和说话技能就很难达到所要求的水平。

新需要和已有心理水平又是互相斗争，互相否定的。新需要总是比较超前的，与已有水平之间有一段距离。例如，儿童学会了一些简单的词，父母及周围的人就会向他提出用句子交际的要求，这种要求如果被儿童所认识，他就会产生学习用句子表达想法的需要。当儿童掌握了一定数量的口语，成人又提出学习书面语言的要求，并成为他学习语言文字的愿望，这些愿望又推动他进一步学习，提高已有的心理水平。

新的发展水平一旦形成，就意味着对原来需要的否定。需要得到了满足就不再是需要了，或不再是主导的需要。在特殊儿童新的心理发展水平上就会产生更新的需要，新需要和已有的水平又会处于矛盾的状态。这种矛盾由对立到统一，再在新的水平上形成对立和统一，推动着儿童心理不断地发展。

由此可见，对特殊儿童的教育和训练一定要从儿童的实际出发，否则就难以取得良好的效果。

二、特殊儿童与正常儿童之间的差异

特殊儿童与普通儿童之间的差异是客观存在的，主要表现在以下三个方面。

（一）生理与心理的差异

大部分特殊儿童有生理和心理的缺陷，这些缺陷妨碍了他们以正常的方式或速度、学习和发展。

1. 视觉障碍儿童生理与心理的差异

视觉障碍儿童视觉器官的缺陷导致他们只能靠耳朵、手指来感知外界的事物。由于失去了接收外界信息中最重要的一条途径，所以他们对很多事物的认知往往不是全面的。

2. 听觉障碍儿童生理与心理的差异

听觉障碍儿童听觉器官的缺陷导致他们不能够顺利地进行语言学习，然而语言发展的局限性又妨碍了他们抽象思维的发展。

3. 肢体残疾儿童生理与心理的差异

肢体残疾儿童在肢体上的缺陷导致他们在运动技能的发展上受到很多限制，甚至会影响到生活自理。

4. 智力障碍儿童生理与心理的差异

由于智力障碍儿童在智力上的缺陷导致了他们在学习某些知识与技能的时间会比普通儿童更久一些，他们的起点低，学习能力不足，能够达到的水平也极其有限。

（二）特殊儿童的个体间差异和个体内差异都明显大于普通儿童

1. 特殊儿童的个体间差异

特殊儿童个体间差异既包括不同类型的特殊儿童之间的差异，又包括同类型特殊儿童之间的差异。无论属于哪一种，特殊儿童个体之间的差异都是非常大的。例如，天才儿童与智力障碍儿童分别代表了智力水平较高和智力水平较低的两类儿童，这两类儿童之间有着巨大的差异。又如，视觉障碍儿童接收外界信息的方式明显不同于听觉障碍儿童及其他儿童。即使同属于一类儿童，因造成心理发展异常的原因不同，每个个体的特征也是十分不同的。正是由于特殊儿童之间存在着巨大的差异，所以，教师在实施教育教学之前应该对他们进行鉴别和分类。

2. 特殊儿童的个体内差异

个体内差异通常是指个体内部不同能力之间的差异。特殊儿童个体内部各种能力的发展是不平衡的，个体内差异特别大。例如，有些自闭症儿童的记忆力非常好，而语言理解力、人际交往能力特别差。又如，有些听觉障碍儿童虽然听不见声音，但手眼协调能力却非常好。因此，教师在制订教学计划之前要对特殊儿童的能力结构进行评估，以便根据其特点安排教学活动。

（三）特殊儿童难以适应普通学校中的常规教学

普通学校的教学内容对于智力发展优异的天才儿童来说可能过于容易，而对于智力低下的智力障碍儿童来说则可能太难。普通学校的教学通常以教师的口头讲授为主，直观的演示为辅，对大多数听觉障碍儿童来说，这种教学方式是难以适应的，对视觉障碍儿童来说，则可能因其无法阅读普通课本而跟不上教学的进度。

目前普通学校基本上都采取大班级授课制，这种教学组织方式虽然在教育资源有限的情况下能为社会多培养一些人才，但它却不能使全体儿童都得到充分的发展。在这种班级里，特殊儿童可能因教学进度太慢或太快而对学习失去兴趣，并表现出各种各样学习或适应的问题。只有根据特殊儿童独特的教育需要设计出适宜的课程和教材，采取个别化教学，特殊儿童才可能获得最大限度的发展。

第四节　特殊儿童的心理发展影响因素

一、特殊儿童心理发展的影响因素

（一）生理和遗传因素

特殊儿童的生理因素是影响其心理发展水平的首要因素。例如，残疾或慢性躯体疾病会直接影响儿童的听觉、视觉、智力、言语和语言能力，限制了他们从视、听或其他感觉器官来感受周围世界，以及表达自己思想和观点的能力。脑组织的损害则会使大脑皮层功能产生缺陷。多动症、自闭症、情绪障碍、多重障碍等也与生理和遗传因素直接相关。

生化和内分泌因素也会对儿童的行为产生影响。对人的情绪行为影响较大的是神经介质（如单胺类的5-羟色胺、去甲肾上腺素、多巴胺等）和内分泌激素。不少注意缺损和多动症患儿可通过阻断单胺氧化酶提高单胺水平来改善症状，三环类抗抑郁药对多动症也有治疗作用。焦虑症患者的血浆皮质类固醇含量高，从而使生物胺（去甲肾上腺素和5-羟色胺）更新率加速，其中，5-羟色胺的更新速度加快可能与焦虑症的发生有关。

（二）家庭、学校与社会文化因素

1. 家庭因素

父母在特殊儿童的生长发育过程中具有至关重要的作用。父母对子女的过分溺爱、过分担心、过分保护、偏爱、歧视以及对子女不切实际的过分期望等均对儿童行为产生影响。研究表明，不良的家庭环境，如过于贫穷、父母感情破裂、教育方式不当等均可增加儿童患多动症的危险性。

父母的不幸童年、婚姻状况、健康状况、母亲妊娠时的心理压力及分娩时的情况等，均可影响儿童的心理发展。一项调查发现，有心理问题的儿童，较多地存在着孕前、妊娠中的病理现象和异常分娩等因素。父母的性格、智力和教育水平对儿童的心理发展也有影响。

2. 学校因素

对于我国而言，在目前的情势下，随班就读是对特殊儿童来说最有利的一种学校教育模式。随班就读也就是指让特殊儿童与普通儿童一起在普通学校中接受教育。随班就读对教师除了有普通教育的一些要求外，还要求教师针对随读生的特殊需要，提供有针对性的特殊教育和服务，对他们进行必要的康复和补偿训练，使他们和普通儿童一样，在学校中学会做人做事、学会求知、学会合作、学会创造，使他们的德、智、体、美、劳能够得到全面的发展。随班就读的教育模式可以开发随读生的潜能，为他们今后自立、平等地参与社会生活，成为有理想、有道德、有文化、有纪律的社会个体打好坚实基础。

3. 社会文化因素

社会文化中的不利因素也会导致儿童的智力发展与社会适应能力受到制约。例如，在我国较为边远的贫困地区，不利的社会文化将对儿童的智力发展产生消极的影响。目前在社会上，对于歧视、排挤特殊儿童的现象仍然没有被完全消除。

二、特殊儿童心理发展的顺序

对于特殊儿童来说，他们的心理发展和普通儿童一样，也是遵循由低级到高级、由简单到复杂的顺序。例如，听觉障碍儿童、视觉障碍儿童与天才儿童的思维发展都要先经历感知运动阶段，然后发展至前运算阶段和具体运算阶段，最后才达到形式运算阶段。

三、特殊儿童的一般发展与特殊发展

（一）特殊儿童的一般发展

对于所有儿童来讲，他们的身心发展都有其自身固有的规律，例如，身体成熟的发展、运动—动作的发展、语言的发展等都有各自的先后顺序。或者还可以说，无论是对于他们的心理发展而言还是生理发展，都遵循从简单到复杂的顺序。这就是一般发展，也是一切发展的基础。

（二）特殊儿童的特殊发展

对于大多数特殊儿童来说，他们在智力、感官、情绪、身体、行为、言语或沟通能力上与正常儿童有着较为明显的差异。虽然这些特殊儿童在生理上的缺陷都是显而易见甚至无法改变的，但是他们的发展顺序与普通儿童并没有任何不同之处，例如，他们有着相同的心理需求和愿望，并且他们也和普通儿童一样有着各方面的潜能，只不过他们的发展速度比普通儿童会慢一些，遇到的困难也会多一些。并且，特殊儿童在某些方面的发展可能还需要依赖相应的教育与训练，否则他们的特殊发展将无法得以实现。

（三）特殊儿童一般发展与特殊发展的结合

教师在对特殊儿童进行教育时，应该将特殊儿童的一般发展和特殊发展的有机结合起来。对普通儿童所实施的某些教育同样适用于特殊儿童。但是，教师需要根据每个特殊儿童的特点进行针对性的指导和训练，才能发挥出特殊儿童的潜能。一般发展提供了一切发展的基础，没有这一基础所有的发展都无法实现，同时，针对特殊儿童，教师需要在此基础上开展相应的特殊发展训练。

第二章　特殊儿童的心理评估

心理学评估是特殊教育教学中的一个重要环节。对特殊儿童开展和实施心理评估，不仅可以让教师识别、诊断和安置特殊儿童，还可以让教师充分了解特殊儿童的心理发展及其相关情况，为教师制订教学计划、评价教育效果、提高教学质量等提供依据。

第一节　特殊儿童心理评估资料的收集及心理评估目的

一、评估资料的收集

（一）收集的评估资料的种类

在心理评估过程中，需要收集的资料是五花八门的，内容是多种多样的。根据收集时间的不同，心理评估可分为两类，分别是现有资料、新收集的资料。

1. 现有的资料

几乎所有的孩子在发育和成长过程中都接受过各种各样的检查，他们在成长期会有大量的信息记录。例如，在新生儿时期，他们就需测量大小等；出生后的头几年一般都要定期做身体检查；到了上学期，入学时学校会登记他们的基本情况信息（如姓名、性别、出生日期、家庭住址、父母职业、父母文化程度等）；入学后，他们要参加各种考试和考查，有各种分数记录；每学期期末都要做个人评定；等等。这些记录通常作为档案信息被保存在学校、医院或家庭中。如果评估时，评估人员可以以适当的方式收集这些资料信息，那么就可以为评估提供大量的信息基础。

学生以前的作业或作品也可以作为评估的资料，如课堂练习、作文、绘画、手工作品等。

随着时间的推移，学生可能丢失了一些作业或作品，不过有些老师或家长仍会保留学生的一部分作业或作品。这些资料也能提供一些有用的信息。

一些教师有对班里每天发生的特别事件做笔记的习惯，这些记录也是非常有价值的。一方面，根据教师平常的观察记录，评估人员可以判断学生是否有行为问题，如攻击行为、违纪行为等。如果有问题行为，评估人员也可以通过观察记录了解到这些行为是在什么情况下发生的。另一方面，通过一些具体的事例，评估人员可以了解教师以前所采取的方法策略是否恰当，可以为教师提供更有效的指导。利用现有的资料做评估时，一定要注意这类资料的局限性。例如，有些资料看起来比较重要，一般都会被采用，而有些资料似乎不那么重要，往往容易被忽略。又如，由于评估人员无法控制以前收集的资料，学生的某些重要方面的信息可能没有被记录下来或保留下来，如果只利用现有的资料去做评估有时可能是不全面的，还要用新的资料作补充。另外，评估人员常常不知道现有的资料是在什么情况下收集到的，因此，评估人员在使用这类资料做评估时一定要非常慎重。

2. 新收集的资料

新收集的资料一般主要有在医院刚做过的检查记录信息、学校的小测信息、访谈记录信息等最近刚做的留有记录的信息。

不过，由于评估人员的时间、精力有限，往往不能在短时间内收集被评估人员各个方面的资料，所以，评估人员在做评估时还应该充分利用已有的资料。另外，评估人员有时还需要了解儿童过去的情况，了解其发展的过程，也要收集一些以前保留下来的资料。

另外，评估人员所收集的资料主要分为以下几种：感觉（包括视觉、听觉、触觉、味觉、平衡觉等）、运动能力（包括粗大动作和精细动作）、记忆、思维、语言、智力、学业技能（包括拼音、阅读理解、书面表达、数学运算等）、人际交往技能、劳动技能、情感、个性、家庭和学校的基本情况、社会环境及资源等方面的资料。

（二）收集评估资料的方法

目前常用的收集评估资料常用的方法有观察法、访谈法、问卷调查法、医学检查法等。下面简要地介绍观察法、访谈法和测验法三种最主要的方法。

1. 观察法

观察法是指观察者运用自己的感觉器官或借助一定的科学仪器能动地对特殊儿童的心理特征或行为表现进行感知和描述，从而获得有关事实材料的方法。

观察法是一种认识特殊儿童最基本的途径和方法。通过观察，观察者可以收集到大量丰富的资料，以达到对特殊儿童有一个较全面的了解的目标。

（1）观察法的类型

观察法可以根据不同的标准划分为不同的类型。为了方便，在这里，笔者把观察法分为非系统观察法和系统观察法两大类。

非系统观察法是指只需注意被观察者在自然情境中的表现，对其重要的行为、特征及背景做一些记录即可的一种方法。最常见的形式是轶事记录。轶事记录是观察法中最简单的一种形式，属于定性的观察。它不受观察计划的约束，只要观察者感兴趣的事情发生了，观察者将其记录下来就可以。轶事记录并非观察固定的儿童或固定的行为，也不受时间和地点的限制，只要是观察者认为值得记录的，观察者都可以记录下来。因此，轶事记录运用起来非常方便灵活，和系统观察相比较，轶事记录缺乏客观性和精确性。为了发挥轶事记录在评估中的作用，在使用这种形式收集资料时应注意以下几点：第一，记录要及时；第二，记录的内容应包括事件发生的时间、地点、当时的情境及事件发生的过程；第三，尽可能用准确的文字把事件中重要人物的基本动作和说过的话记录下来。

系统观察法是指观察者有目的、有计划地观察和记录被观察者在自然情境中的一个或多个已经被准确定义了的行为的一种方法。

系统观察法一般采取定量的方式，其步骤主要如下。

第一步，确定观察的目标行为的操作性定义并设定具体的观察指标。特殊儿童心理评估的目的之一是了解他们有没有要发展或改变的行为，因此，观察者一定要清楚哪些行为算是目标行为，哪些行为不是目标行为。所要观察的行为一般有以下几种：一是有用的行为，如动作、言语、社会交往等；二是有害的行为，如用头去撞硬物、打自己脑袋、咬指甲等自伤行为或打人、推倒他人、用语言侮辱他人等对他人造成伤害的行为；三是无害但也无用的行为，如摇晃脑袋、摇晃身体、鹦鹉学舌等刻板行为；四是有缺陷的行为，如注意力缺陷、记忆力缺陷等；五是正常但在不适当的场合出现的行为，如在游乐场里打闹、喊叫属于正常行为，而上课时大声喧哗属于破坏课堂纪律的行为。观察者可根据研究目的，对上述行为中的某一个方面进行重点观察，确定了目标行为之后，还要用一些具体的指标来定义行为特征。不管是个别行为还是一组行为，观察者都可以从持续时间、潜伏期、频数和强度四个方面来进行观察和记录。对于明显的开始和结束的行为，观察者一般要记录每次的持续时间，然后计算该行为的平均持续时间。

第二步，选择观察的背景。儿童在不同的背景下常常有不同的行为表现。

例如，儿童在学校和在家里的表现常常是不同的，在数学课上和在音乐课、体育课上或在课间休息时的表现也会有所不同。观察儿童在不同背景下的行为表现有助于了解问题行为产生的原因，从而找到有效的教学策略，因此，观察者应该在多个不同的背景下进行观察。不过，选择什么样的观察背景要经过慎重考虑，并且要有计划。

第三步，确定观察日程。首先，要确定对儿童观察多长时间，每周观察几天，是每天都观察，还是进行时间取样，如只在每周的周二和周五上午实施观察。其次，要确定每次观察的时间长短。在学校里进行观察时，每次观察一般不宜超过学校每天在校的时间，通常以一节课为一个观察单元。最后，要确定是连续观察还是间隔观察。连续观察就是在每个观察单元里不能有停顿，而间隔观察则可以有停顿。采取哪一种观察策略要依具体的行为而定。如果所观察的行为发生的频率很低，采取连续观察的方法效果可能比较好。

第四步，设计观察记录表。观察者对行为的记录也必须有计划，最好采用记录表的形式。记录表中应该包括观察者姓名、观察对象姓名、观察日期、时间、方法、内容及学生的行为表现等项目。

第五步，选择观察工具。观察中用纸笔记录还是用电子仪器（如摄像机）记录要根据具体情况而定。有条件的话，最好用电子设备做连续的观察和记录；如果没有条件，就要由人来进行观察。观察者若首次做观察记录前必须要经过培训。

（2）观察法的优点和缺点

观察法是评估资料收集过程中一种很重要的方法。通过观察，观察者可以获得学生某种行为的非常全面的资料，而且可以分析该行为产生的原因及发展变化过程。这一方面弥补了用其他方法（如评定法、测验法等）收集资料的不足，另一方面也可以检验由其他方法所获得的评估结果的可靠性。

但是，观察法也有局限性。对儿童的观察一般是很费时间的，观察越细致，花的时间就越多。但观察结果有时可能是不准确或不全面的。例如，有些观察者把自己的主观感受当成事实记录下来；有些观察者只关注自己期望看到的行为，对自己没有估计到的行为则不够注意。另外，由于观察者在场，儿童的行为可能会有所改变，有时客观记录下来的东西未必真实。例如，当有陌生人在教室里的时候，原来调皮捣蛋的学生就变得守纪律了。因此，观察者在使用观察法时要考虑这些因素。

2. 访谈法

访谈法是指评估人员通过有目的的交谈来收集有关特殊儿童心理特征和行

为表现资料的一种方法。

访谈法也是收集评估资料最基本的途径和方法。与观察法相比，访谈法有两个主要的不同之处：一是采用观察法时评估人员主要用眼睛看，而用访谈法时评估人员主要用口问，用耳朵听；二是前者直接考察和收集特殊儿童的资料，而后者往往通过与家长和教师的交谈间接地了解特殊儿童。

（1）访谈法的类型

按照提问和回答的结构特点不同，访谈法可以分为以下四种类型。

①有结构访谈，又称标准化访谈，指访谈者根据事先设计好的访谈表和统一的要求进行询问，被访谈者根据问题进行回答，访谈者根据统一的标准对被访谈者的回答进行记录或评分的一种比较正式的访谈。有结构访谈的优点：实施程序统一、规范，访谈结果便于统计分析，便于访谈者对不同的访谈对象的回答进行定量分析。其缺点：缺乏灵活性，不能根据访谈时的具体情况变换问题、调整提问方式和程序，不利于获得问题以外的其他信息。

②无结构访谈，又称非标准化访谈，指访谈者只根据一个粗略的访谈提纲而进行的非正式的访谈。该方法对于提问方式和顺序、被访谈者回答的方式、访谈记录的方式和访谈的时间、地点等都没有严格的规定，访谈者可以根据具体情况灵活处理。无结构访谈的优点：实施程序机动灵活，有利于拓宽和加深访谈的内容，了解原访谈计划中没有预料到的新情况、新问题。其缺点：访谈者难以对访谈结果进行定量分析，该方法对访谈者的要求比较高。

③半结构访谈，包括 A、B 两种类型。A 型的访谈问题是有结构的，但被访谈者的回答方式比较自由；B 型的访谈问题没有一定的结构，但要求被访谈者按一定结构进行回答。

上述四种访谈方法各有所长，评估人员可根据访谈的目的、被访谈者的特点以及对访谈结果的分析方式而灵活地选用。

（2）访谈法的实施

访谈法的操作过程主要包括访谈设计、访谈者的选择与培训、访谈的实施三个环节。在访谈设计这个环节中，评估人员首先要确定访谈的对象。被访谈者必须是知情者，能提供评估所需的信息。在特殊儿童的心理评估中，被访谈者通常不是儿童本人，而是他的教师、家长、邻居、医生等。其次，确定访谈的内容。每次访谈都应围绕一个中心来进行。评估人员事先需拟定一份访谈提纲，编制访谈记录表，并制订访谈工作细则。访谈的内容大致可包括被访谈者的个人情况、被评估人员的健康状况、教育状况、良好的行为表现和不良的行为表现等。

在访谈者的选择和培训中，首先应选择基本素质良好的人来担当访谈者，这是访谈能否成功的关键。以往的经验表明，一名合格的访谈者应具备以下一些基本条件：仪表整洁，举止大方，知识面广，表达能力强，善于与人相处，有责任心，有一定的实际访谈经验，等等。因此，评估人员应当根据这些条件来选择访谈者。其次，要对访谈人员进行培训。培训的内容一般包括：说明访谈的目的、意义和时间安排；讲解访谈表的内容、访谈的技巧、被访谈者的特点、访谈过程中的一些注意事项，等等。如果可能的话，评估人员还应当安排他们到实地实习访谈。

在访谈的实施中，访谈者要按计划一步一步地进行。一般来说，首先，访谈者要和被访谈者建立融洽的关系，消除他们紧张、戒备的心理，通过仪表、行为语言等确定被访谈者是否处于可接受访谈的状态；然后，提出一些简单的、容易引起兴趣的问题，再逐步深入，提出复杂的问题；最后，提出一些比较敏感的问题。在访谈过程中，访谈者还要善于控制谈话的方向和节奏，掌握一定的提问技巧、追问技巧和处理拒绝的技巧，做好访谈记录，使每次访谈都能收集到全面、真实和可靠的资料。

（3）访谈法的优点和缺点

访谈法是一种适用范围很广的收集资料的方法。它是口头进行的，因此适用于一切具有口头表达能力和正常判断力（无论文化程度如何）的被访谈者。访谈法实施程序灵活，可以根据被访谈者和访谈过程的具体情况，有针对性和有效地开展资料收集工作。它既可以收集有关特殊儿童心理特征和行为表现的资料，又可以收集有关家长和教师的教育方式和教育态度的资料；既可以了解某些事实，又可以了解被访谈者的态度和意见；既可以收集现时的资料，又可以收集过去的资料。因此，和其他收集资料的方法相比，访谈法可以获得更为丰富、更深层次的资料。

不过，和观察法一样，访谈法也存在某些局限性。

第一，让被访谈者回忆过去发生的事情，如果时间间隔比较长，被访谈者回忆起来有可能出差错，例如，一些重要的细节忘掉了，或者记得不清楚了，更有甚者记错了。

第二，被访谈者可能不愿说真话，不愿暴露痛苦或尴尬的细节。他们可能只告诉访谈者他们认为便于开口或者对方想听到的信息，有时为了达到目的，只告诉访谈者符合自己目的的情况。例如，如果家长不想将孩子安置在特殊学校里，他可能就对孩子在普通学校里出现的问题避而不谈。

第三，报告的情况可能是真实的，但由于访谈者有某种预期，所以对被访谈者讲出的信息会有选择地记录下来。

此外，访谈者的素质、访谈时间和地点、被访谈者当时的情绪状态等都会影响访谈的结果。

3.测验法

测验法是评估人员通过使用各种心理和教育测验来收集有关特殊儿童心理特征和行为表现资料的一种方法。

二、特殊儿童心理评估的目的

特殊儿童的心理评估不是把收集来的各种资料简单地堆积在一起，而是使教师在综合分析的基础上做出各种教育决策。在特殊教育领域里，根据评估结果做的教育决策一般有四种类型，即筛查、转介、鉴别和教育评价。

（一）筛查

筛查是指用一些简单易行的测试工具对儿童进行大范围、快速地测查，从而把有潜在的学习、行为或心理障碍的个体从群体中区别出来。例如，一些学校和幼儿园在新学年开始时对刚入学（或入园）的新生进行听力、视力、智力及心理健康等方面的测查，以便了解哪些儿童可能有特殊需要。

在教育研究或实践中，有时为了找到合适的研究对象或提供合适的特殊教育及相关的服务，要对儿童进行筛查。在筛查时，某个学校或地区的所有学生都要参加一项或几项测试，评估人员可以根据测试结果来识别哪些学生与同龄人有显著性的差异。如果发现某些学生的分数显著地低于或高于同龄人，评估人员就应让他们去做进一步的评估。经过严格的评估之后，如果某个学生被证实有视觉障碍、听觉障碍、智力障碍、智力超常、学习障碍或情绪行为障碍等，他就可以接受特殊教育。

筛查是把可能有某种残疾、障碍、心理或行为异常的儿童从普通儿童中初步地分离出来。在筛查中，成绩差的受测者一般被称为"高危儿童"；在筛查中，成绩差的受测者在以后的评估中却成绩优良，这种情况称为"假阳性"；在筛查中，没发现有什么问题的受测者在后来的评估中却出现了问题，这种情况称为"假阴性"；若筛查成绩和以后的评估成绩一致，这种情况就称为"命中"。尽管心理评估对筛查工作不要求像鉴别诊断工作那么细致严谨，但评估人员也要尽量减少误差。一方面，应尽量减少"假阳性"的情况，以免给那些实际上不存在问题的儿童留下心理上的阴影；另一方面，也要尽量减少"假阴性"的情况，以免使那些看起来没有问题而实际上确实有问题的儿童失去获得补救的机会。

（二）转介

转介是指把怀疑有生理、心理、行为或学习问题的儿童介绍到专业机构那里，请有关的专家做更细致、严格的评估。

美国的一项调查表明，在公立学校中每年有 3% ~ 5% 的学生被介绍到专业机构做心理和教育评估，其中 92% 的学生接受了测验，这些做过测验的学生中大约 73% 最后被确认为特殊儿童。由此可见，在美国，被转介的学生当中仍有一定比例的人出现了"假阳性"。为了识别高危儿童是不是出现了"假阳性"的情况，向专业机构转介是很有必要的。

对于学龄儿童，一般由班主任做出要不要转介的决定。班主任平常跟学生接触比较多，对学生比较了解，因此，所做的决定具有比较大的可靠性。不过，教师在做决定时会因个人喜好和忍耐度的不同而受一定的影响。比如，有的教师喜欢调皮一点的学生，认为这样的学生聪明，所以，不可原谅他们违反课堂纪律，认为这样的学生不必做转介；而有的教师认为调皮捣蛋的学生给班级制造了太多的麻烦，应该请专家帮助，给予专业的评估和矫治。

为了减少转介的盲目性，自 20 世纪 80 年代以来，教师在做转介决定之前，要先通过各种渠道收集评估资料，例如，用教师自编测验、检核表、评定量表等来收集资料，到学生家里访谈，或通过观察来收集资料，等等。然后，教师要对学生进行一些尝试性的教育干预。只有在经过一段时间的干预仍未取得满意的效果之后，教师才向某个专业机构提交转介表及有关的材料（包括干预情况的介绍），申请转介。

（三）鉴别

鉴别是指根据法定的标准对儿童进行区分和归类。在特殊教育领域里，对特殊儿童的鉴别，一般先要确定这个儿童是不是特殊儿童。如果是，他就获得了特殊教育及相关服务（如个别化教育、运动功能康复、言语矫治等）的资格。然后，要对其进行归类，以便进行适当的安置。例如，要鉴别某个儿童是不是智力障碍，先要对他实施智力测验和适应行为的评定，如果分数符合智力障碍的鉴别标准，这个儿童就应被确定为智力障碍儿童。最后，还要根据分数的高低把这个智力障碍儿童归入轻、中、重和极重度智力障碍儿童中的某一类中。按照目前习惯的做法，如果一个儿童被确认为具有中度以上的智力障碍，那么他可能被安置在培智学校里；如果他属于轻度智力障碍，则可能被安置到普通学校随班就读。

专家一般提倡采用个别施测的标准化测验对特殊儿童进行鉴别。不过，现阶段已经被编制出来的标准化测验无论是在数量上还是在种类上都有很多不足之处，因此，还需要使用其他的工具和方法。

西方特殊教育发达的国家在特殊儿童鉴别方面积累了许多值得借鉴的宝贵的经验，一些测量工具被修订以后也可以为我国所用。

（四）教育评价

教育评价是指在系统地收集、整理和分析与教育教学有关资料的基础上，对教育的价值做出判断。

教育评价也需要评价人员收集资料，不过，一般来说，评价人员不仅需要收集有关教育对象心理和行为变化方面的资料（属于心理评估的范畴），而且要收集有关教育政策、教育条件、教学计划、教育活动等的资料。由此可见，教育评价人员需要收集的资料的范围比心理评估人员广很多。另外，教育评价还要求评价人员根据一定的标准来判断教育活动的价值，为教育教学工作的改进提供依据，其目的与心理评估也不同。

在特殊教育领域，最常进行的教育评价是对个别教育计划实施效果的评价。在实施个别教育计划一年后，评价人员一般要利用测验和考试来考察各项教育目标的完成情况，以评价其有效性。在评价个别教育计划的实施效果时，评价人员最关心的问题通常有两个：①特殊儿童的缺陷是否得到了补偿？②在实现教育目标的过程中本教学计划起了多大的作用？为了能比较科学地回答这两个问题，评价人员在教学计划实施之前就应该对儿童进行前测，等教学计划实施一段时间之后再进行后测。后测的成绩提高得越明显，说明儿童的进步就越大。

第二节 特殊儿童心理评估的类型

一、正式评估与非正式评估

按照是否使用了标准化测验来收集资料，可将心理评估分为正式评估与非正式评估两大类。

（一）正式评估

正式评估一般要按照标准化的程序来实施，其基本实施步骤如下。

第一步，编制或选取符合评估目的的标准化测验。

第二步，对特定的被试进行测验。

第三步，将被试的分数与常摸进行比较，以了解他在群体中的相对位置。

第四步，收集其他来源的资料（如观察和访谈的资料）并结合测验的信度、效度，了解测验结果的可靠性和准确程度。

第五步，根据评估目的做出有关的教育决策，如转介、教育评价等。

（二）非正式评估

非正式评估一般在施测、记分和分数解释方面没有严格或标准化的程序。不过，熟悉课堂教学和教育实际的人都知道，教师每天用各种不怎么标准却非常实用的方式来评估学生。比如，教师听学生朗读课文，然后请他回答几个问题，看他是否理解了他所读的课文。再如，教师用课堂小测验来检查学生对新学的知识中的哪些方面掌握得比较好，哪些方面还比较薄弱，哪些地方完全没有理解。这些评估方式都属于非正式评估。大量的实践经验表明，非正式评估可以为教师提供许多有价值的信息，有助于教师做好教育教学工作。近年来，教育界十分提倡对学生进行非正式评估。

（三）正式评估与非正式评估的不同之处

正式评估与非正式评估有许多不同之处，主要表现在以下几个方面。

1. 在实施评估的情境方面

一般来说，正式评估是在比较结构化、严格控制的情境中进行的。控制评估情境的目的是要保证评估不受情境因素的干扰。而非正式评估通常在比较自然、受控制因素较少的情境中进行，例如，在儿童所在的班级、家里或娱乐场所等实施评估。虽然非正式评估的情境不如正式评估那么标准化，但是，在这种情境中，评估人员可以观察儿童在比较自然、弱控制的环境中所表现出来的行为。

2. 在评估技术方面

标准化测试是正式评估收集资料的主要工具，这类测验是相关人员使用一系列测量技术编译而成的。这些技术所涉及的方面主要包括主题的抽样、测试、可靠性和有效性测试、规范制定、标准化和其他问题等。而非正式评估很少有关于信度和效度方面的检验，通常也没有常模。不是所有的非正式评估的信度与效度都低，而是没有人做有关的检验工作，因此，和正式评估相比，非正式评估的结果就不那么可靠了。

3. 在灵活性方面

正式评估的各项活动通常是按规定的程序进行的，非正式评估则显得比较灵活、开放。在非正式评估中，评估人员可以根据需要对评估活动进行调整或修改，如果有更合适的内容，随时可以将之加进评估活动中。

4. 在报告结果的格式方面

正式评估通常要用一些统计量（如平均数、标准差、标准分数等）来报告结果。而非正式评估一般不用统计量来报告结果；也不讲究格式，非常具有个人独特的风格；评估人员可以用他们认为最有意义、最贴切的方式来报告评估信息。另外，正式评估中经常用一些表格来报告结果，而非正式评估更多地采用描述的方式。

二、筛查性评估、诊断性评估和治疗性评估

按照心理评估的功用不同，可分为筛查性评估、诊断性评估和治疗性评估。

（一）筛查性评估

筛查性评估旨在筛选特殊儿童。它通常用于确定与一般人群相比，某一学校或地区是否有智力发育严重或发育迟缓的儿童。如果筛选出"高危儿童"，家长和教师应密切关注他们，并在适当时期将他们转介给专家以进行进一步评估。

（二）诊断性评估

诊断性评估主要用于对已经被确认是发展偏常或迟滞的特殊儿童进行心理或行为问题的诊断。例如，对于某个已经被鉴别为学习障碍的儿童，通过诊断性评估，人们可以了解该儿童在哪些心理过程和学业技能方面存在缺陷。

（三）治疗或处方性评估

治疗或处方性评估是以制订特殊儿童的治疗和矫正方案为目的的评估，通常用于为特殊儿童制订适合其心理或行为技能发展的干预策略。这类评估大多数属于标准参照评估。例如，教师可以对本班的某个孤独症儿童的社会性技能进行评估，然后根据评估的结果为他设计社会技能训练的方案。

此外，按照内容的不同，心理评估还可以分为智力评估、特殊能力评估、言语和语言评估、学业成就评估、情绪和行为评估、适应行为评估等。

第三节　特殊儿童心理评估的实施及注意事项

一、特殊儿童心理评估的实施过程

（一）确定评估目的和了解评估对象

1. 明确评估目的

评估目的，即通过评估想要获得的结果。在特殊教育领域，特殊儿童心理评估有着广泛的应用，其目的主要有筛查、转介、鉴别、教育评价等。在做心理评估之前，评估人员要先明确本次评估的目的是什么，以便于确定评估的内容，选择恰当的评估工具和方法。

例如，某所普通小学一年级的一位班主任反映他的班上的一个学生学习成绩很差，语言、动作、社会交往等方面的发展都比较迟缓。家长很想知道这个孩子是不是智力障碍，于是把他带到某所大学的特殊教育系，请专家给他做心理评估。很显然，这次评估的目的是鉴别。因为要判断他是不是智力障碍，所以要用智力测验和适应行为评定量表（都属于常模参照评估）来确定这个学生在同龄儿童中的相对位置，然后依据他的智力和适应行为分数来判断他是不是智力障碍，如果是，他的智力水平又是怎样的。

又如，开学初，某所聋校的一位教师给本班的某个学生制订了一份个别化教育计划。这位教师在实施这个计划半个月后，很想通过评估了解该计划的实施效果，以便决定下一步该怎么办。他的评估目的就是教育评价。这次评估最好采用非正式的、标准参照评估的方式来进行。

2. 了解评估对象

在心理评估的实施过程中，评估人员应该尽可能多地了解评估对象，因为评估对象的类别、年龄和阅读水平等不同会影响评估工具的选择和方法的使用。例如，某所盲校想给本校学生做一次行为评估，评估人员就要考虑对这些视觉障碍学生用盲文问卷进行行为评定好（需要有一定的阅读能力），还是用观察或访谈法比较好。又如，某评估人员要给某位孤独症儿童做心理评估，除了要了解这个孩子的年龄、智力水平、言语水平之外，还要了解这个孩子怕不怕陌生人，做测验时配不配合，等等。

总之，在设计评估方案之前，对评估对象了解得越多，设计出的评估方案就越具有合理性和可行性。

（二）设计评估方案

1. 确定评估的指标体系

心理评估的指标体系如下。

（1）智力测验

智力测验是智力障碍鉴定中的一项基本内容。一般要用标准化智力测验来测查智力。目前国际上流行的智力测验较多，像斯坦福—比纳智力量表、韦氏儿童智力量表、瑞文推理测验、绘人测验等都是非常著名的。在智力障碍儿童的鉴定中，评估人员要根据儿童的年龄及认知水平选择适宜的测验。

（2）适应行为评定

适应行为评定量表是智力障碍鉴定中的另一项基本内容。评估人员一般要用标准化的适应行为评定量表来衡量儿童的适应行为水平。目前国际上流行的适应行为量表有文兰适应行为量表、巴尔萨泽适应行为量表等。评估人员要根据评估目的和评估对象的特点选择不同的量表。

（3）儿童生长发育史

在智力障碍儿童的鉴别中，评估人员应该了解该儿童主要由谁抚养，出生后几个月时断奶，几个月时开始用奶瓶喂奶，几个月时自己进食，何时会独坐、自己站立、走路、跑、跳，什么时候能对声音做出反应，发第一声、牙牙学语、说出第一个词、第一句话各在什么时候，什么时候能控制大小便，与其他儿童相比这些情况是慢、一般还是快，等等。另外，评估人员还要了解儿童是否曾接受过早期干预，上过什么学校（包括一些特殊的训练机构），是否留过级，教师或训练人员对他的评价如何，等等。

（4）儿童疾病史

儿童疾病病史主要包括：出生时是否用过产钳助产或出现过窒息；是否为早产儿、过期产儿、低体重儿；是否用过麻醉剂出现麻醉剂中毒；出生后有没有得过脑膜炎、脑炎、脑脓肿和脑震荡；是否有过氧化碳或铅、汞中毒；有没有甲状腺功能低下或严重营养不良；在幼年时期是否生过大病；等等。这些情况都可能造成脑损伤，最终导致智力障碍。

（5）儿童家族病史

对儿童家族病史材料进行收集，有助于诊断某些遗传性的智力障碍。在收集这方面材料的过程中，评估人员需要了解的情况是，近亲中是否有人患过癫痫、脑瘫、先天性脑积水、原发性小脑畸形、结节性脑硬化、唐氏综合征、18-三体综合征、13-三体综合征、苯丙酮尿症、猫叫综合征、黑蒙性痴呆等。

（6）体检

体检即体格检查，具体内容包括对儿童的头围、面容、毛发、眼、耳、口、四肢、皮肤、身高、体重等的检查。儿童在某些方面的异常可以为诊断智力障碍及其产生的原因提供依据。

（7）学业成就

如果评估对象是正在上学的学生，评估人员通常还要了解他的学业成就。这方面的情况一般包括：该儿童最近一段时间的语文成绩、数学成绩和其他科目的成绩；他做过的手工作品、绘画作品、书法作品等；他对上学的态度如何，是否喜欢上学读书；班主任及科任教师对他学习上的总体评价；等等。

（8）家庭和学校情况

有关家庭的情况包括：父母亲的年龄、父母亲的职业、父母亲的文化程度、家庭经济状况等；该儿童是否有兄弟姐妹；是否与祖父母、外祖父母或其他亲人同住；父母、祖父母或外祖父母对该儿童的态度、教养方式如何；家庭对该儿童的抚养态度、教育观念是否一致；家庭是否和睦；家庭对该儿童的教育投入多少的时间和精力；等等。

有关学校的情况包括：学校领导对智力障碍儿童教育教学的重视程度；班主任的性别、年龄及教龄、教学态度、教学能力和水平等；学校的课程计划及教学的基本情况；学生课外活动、实践活动开展得如何；学校里有关专业人员，如心理学工作者、语言治疗师、物理治疗师等的配备情况及其辅助教学的情况；学校与家庭、社会联系的密切程度，等等。

2. 选择收集资料的方法

收集评估资料的方法有很多，如心理测量、生理测量、观察法、问卷调查法、访谈法、心理实验法、作品分析法、医学检查等，要根据每项指标的具体要求选择最适合的方法。例如，测查智力最适合的方法是做智力测验，了解儿童的家族病史最好用访谈法，而体检最好去医院。

3. 选择适当的工具

目前国内比较有名的智力测验约有二十种，因此，评估组织者应明确在本次智力障碍儿童的鉴别中用哪一种智力测验。另外，学生在学校里参加过无数次考试，有许多成绩记录，在本次评估中，用哪些成绩来代表他的学业成就水平？若打算让评估对象去医院做身体检查，那么去哪家医院做检查结果比较可靠？为了了解儿童的疾病史、家族病史和家庭情况，是对父亲做访谈，还是对母亲做访谈？评估组织者所有这些都应该在学业成就评估前就解决好上述这些问题。

4. 设计资料收集的程序

资料收集的程序设计就是为收集资料制订一个时间表。哪种资料先收集，哪种后收集，要看收集资料的难易程度。一般来说，应先收集容易的，后收集难度大的。当然，评估还要考虑各种客观条件。例如，让孩子去医院做检查，要看近期能不能挂上号；对家长做访谈，应该了解一下家长最近有没有时间；去学校了解情况，也应该根据学校的工作安排选择适当的时间。为了使资料收集工作能够有序地进行，评估组织者应该先了解各方面的情况，然后通过和家长、老师、校长、医院的大夫等协商，制订出一个相对合适的资料收集的时间表来。

5. 评估人员的选择与训练

在特殊儿童的心理评估中，所要收集的资料往往是多种多样的，有时评估组织者一人难以承担全部工作，需要一个评估小组共同来完成资料的收集。工作评估小组成员一定要经过筛选，应该符合专业人员的标准，否则，他们收集的资料就难以保证准确、可靠。不过，有时很难找到非常合适的人选，评估组织者就应该选择一些大致符合条件的人，然后对他们进行培训，直到他们都成为合格的评估人员为止。

（三）实施评估

1. 灵活收集多方面的资料

在收集资料的过程中常常会遇到这样或那样的问题和困难，例如，家长突然有急事，不能接受访谈了；孩子生病，不能接受测试了；等等。评估人员要灵活地处理各种突发事件，对原计划可以做一些适当的调整，但不能降低所收集的资料的数量和质量。

2. 对各种资料进行分析与综合整理

评估人员应将收集到的资料中的可靠资料与需要验证的资料分开存储或放置。一些间接获得的资料（如通过访谈方式获取的资料）可能会存在误差。即使在直接观察中，评估人员的参与也可能导致评估对象行为的改变。所以，在综合整理资料之前，评估人员有必要确定哪些资料是准确的，哪些资料需要进一步确认分析。假如收集的各种评估资料之间确实存在矛盾，那么，评估人员还应分析产生矛盾的原因和哪种数据更准确。

评估人员应去掉对评估和制订教学计划没有任何益处和效果的资料。另外，在所收集到的资料中，虽然有些资料是准确的，但用处不大，评估人员应果断去掉这些无关资料。

评估人员应根据评估目的，运用专业知识对各种资料进行科学合理的比较和解释，对评估对象的心理发展和存在的问题做出结论。

（四）评估结果的应用

得出结论之后，评估人员一般应向家长、教师或校长报告评估结果。有些家长、教师或校长知道结果以后，就把评估结果报告锁进抽屉了，或者不恰当地使用了这些评估结果报告，如给特殊儿童贴标签，这种评估就是毫无用处的，甚至可能会伤害儿童。因此，学校或家长必须以积极的方式利用评估结果，以促使儿童最大限度地发展。

特殊儿童心理评估的结果可应用于以下几个方面。

①教育行政方面。如招生、学生的教育安置、教师的任用等。

②教学方面。如诊断教育和心理问题、制订教学计划等。

③咨询和指导方面。例如，为家长提供心理咨询、教育咨询，为教师和家长的教育和训练工作提供指导，等等。

④科研方面。如教师根据评估结果检验某种理论假设或提出某种新的学说等。

二、心理评估的注意事项

（一）目的要明确

心理评估是一种有目的的活动，因此，在做心理评估之前，评估人员应该问一问自己，本次评估的目的是什么。

明确评估的目的，一方面，可以避免盲目评估给儿童造成过大的精神压力，给评估人员带来过重的工作负担，例如，有些人动不动就给学生做智力测验，让学生感觉很紧张，有些学生还产生了自卑感，评估人员也会觉得累。如果评估结果对教育教学没有多大的帮助，这样的评估是没有意义的；另一方面，可以减少不当的评估可能给儿童及其家庭造成的伤害。随随便便就做评估，往往容易得出错误的结论，而一些错误的结论对儿童及其家庭产生的消极影响是巨大的，评估人员应坚决杜绝这种做法。

（二）从多条途径、用多种指标收集资料

心理评估的一个最大特点就是评估人员通过广泛地收集资料，从而准确地判断和解释儿童目前的心理发展状况及存在的问题。因此，从多条途径、用多

种指标收集资料是非常必要的。评估人员可以请心理测量专家给儿童做各种标准化的心理测验；请语言病理学家或听力学专家做听力及言语障碍的检查；请眼科专家做视觉功能的检查；请临床医生做身体和各项生化指标的检查；请校长和教师提供有关教学情况的资料；请家长提供日常生活的观察资料；等等。

在资料收集的过程中，评估人员尤其要重视家长的参与。一方面，这是家长的民主权利的体现；另一方面，家长非常了解孩子，而且要参与个别教育计划的制订和实施，因此，家长的积极参与将有助于提高评估以及教育的质量。

（三）灵活地运用各种方法收集资料

迄今为止，还没有一种方法能把特殊儿童心理评估所需要的信息全部都收集起来。目前常用的几种方法如观察法、访谈法、成长记录袋法和测验法等各有优点和缺点，所以，在特殊儿童的心理评估中，评估人员一般要用多种方法互相补充、互相印证。评估人员要根据评估的目的和具体要求灵活地应用各种方法。

目前，评估人员在评估资料的收集过程中比较强调以测验法为主，其他方法为辅。不过，这不是绝对的，用什么方法收集资料，还应该根据实际情况来定。

（四）注意静态评估与动态评估的结合

静态评估通常只评估一次，而动态评估需要以"评估—训练—再评估—再训练"的方式，对儿童反复地进行评估和训练。最近，不少学者提倡用动态评估法来评估特殊儿童，理由是通过反复评估，能够比较准确地把握特殊儿童的心理发展状况，将评估与训练结合起来又有助于儿童的发展。不过，笔者认为，静态评估也是很有用的，因为有时相关学者确实想了解一下在现阶段儿童比较稳定的状态是怎样的。在实际的评估中，最好是把静态评估和动态评估结合起来。

（五）遵守职业道德

评估人员必须遵守职业道德，具体来说，必须做到以下几点。

1. 对自己的工作影响负责

评估是一种社会行为，肯定会产生某种社会影响。当评估人员根据评估结果做决策时，一定要想到这些决策可能会影响一个人的一生，因此，必须小心谨慎，一定要对自己的工作影响负责。

2. 认识本学科和自己能力的局限性

作为一门较新的学科，特殊儿童心理评估发展到今天仍不成熟，在技术上有相当大的局限性。评估人员不仅要认识到所用技术的局限性，还应该经常通过自我评估意识到自己的局限性，评估人员不应做自己不能胜任的工作。

3. 注意对资料保密

在评估过程中，评估人员一般会获得评估对象大量的个人资料，为了保护评估对象的利益，评估人员应该对这些资料进行严格保密，不要把他们的测验成绩拿到非正式的场合与教师讨论；未经评估对象及其家长或监护人允许，不要对外公布他们的测验成绩。

4. 坚持评估的专业标准

测验编制者应遵循教育与心理测验的标准来编制测验，评估人员则要按照测验使用手册的有关规定来实施测验，评估中所运用的其他方法和程序也必须达到专业标准，只有这样，才能尽可能地减少误差，很好地发挥评估的作用。

第四节　特殊儿童心理评估的意义

一、有助于落实特殊教育有关法律法规

自 20 世纪 60 年代末 70 年代初以来，美国的一些家长组织利用一系列诉讼案迫使教育部门为特殊儿童提供恰当的评估和特殊教育服务。例如，1971 年，宾夕法尼亚智力障碍者协会向法院提出诉讼，指责当地的学校将智力障碍儿童拒之门外是违法的。经过庭外调解，宾夕法尼亚州教育局最后同意，为所有被学校拒之门外的残疾儿童提供医学和心理学的评估，以便对他们进行适当的教育安置，并提供免费的教育。1975 年，美国国会颁布了《所有残疾儿童教育法》，第一次在法律中明确规定，各州的教育部门要负责找到并对本州所有残疾儿童进行鉴别和评估。

1990 年，美国国会颁布了《残疾人教育法》。在这个法令中对特殊儿童心理评估又有了一些具体的规定。几十年来，美国人遵照法律的有关规定，广泛地开展了特殊儿童心理评估，使特殊儿童得到较公平合理的对待，特殊教育的质量也得到了保障。

我国国务院于 1994 年颁布了《残疾人教育条例》，教育部于 1998 年颁布了《特殊教育学校暂行规程》。虽然，这两部法律法规并没有明确地提到有关特殊儿童心理评估的问题，但这并不意味着我国没有落实特殊教育有关的法律法规，这两部法律法规有助于对特殊儿童心理评估法规的落实。

二、充分体现因材施教的原则

由 20 世纪 80 年代开始，我国特殊儿童教育的发展速度非常快，这不仅使大多数特殊儿童能够上学，而且提高了教育质量。当前，我国特殊儿童教育进入了一个全新的发展时期。在这种新的背景下，将心理评估应用于特殊教育的实践具有重要意义，其主要体现在以下几个方面。

（一）使教育安置及课程设置更符合特殊儿童的发展需要

对儿童进行适当的教育安置非常重要，一方面，可以避免因提出过高的要求而使各项教育措施收效甚微状况的出现，另一方面，也可以避免因期望过低而延误儿童良好的发展时机状况的出现。目前，特殊儿童在接受特殊教育之前都要接受各种测验和检查，这是特殊教育学校招生工作的一个重要环节。根据评估结果，学校可以对特殊儿童进行比较妥当的安置。

把儿童安置在适当的班级以后，特殊教育学校接下来就要为他提供适宜的课程。什么样的课程要以儿童身心发展的特点为判断的依据。特殊教育学校之所以特殊就在于它的教育对象是特殊的。因为教育对象特殊，因此，所设置的课程、教材及教法也应该是特殊的，不能照搬普通学校的课程。以智力障碍教育为例，1991 年，国家教委曾组织一批专家和教师为培智学校编写语文、数学、常识、音乐、美术五门课程的教材，这套教材填补了我国智力障碍教育课程教材的空白。不过，随着特殊教育的发展，越来越多的中、重度智力障碍学生进入培智学校，而越来越多的轻度智力障碍学生到普通学校随班就读，这套教材已不能适应教育发展的需要。培智学校的教育对象发生了变化，其课程设置、教材和教法也要有相应的变化，以满足学生学习的需要。特殊教育学校的课程如何调整才能符合学生的需要，应该以科学的评估为基础。

（二）使教学更能体现因材施教的教育原则

近年来，普通教育系统中的一些专家学者提倡对学生进行分类教学或分层教学。原因很简单，由于学生个体差异很大，在大课堂上统一教学的方法很难使学生取得应有的进步。现有研究表明，这种学生间的个体差异在特殊教育学校中表现得更为明显，因此，特殊教育学校的教师更应遵循因材施教的原则。

目前，许多特殊教育专家提倡特殊儿童的个别化教育。事实上，个别化教育是贯彻实施因材施教原则的一种教育模式。所谓个别化教育指的不是一对一的教学，而是教师根据学生的生理特点和心理特点，以及社会对个人发展的需要而开展和实施的教学。那么，教师应该如何全面地、准确地把握学生的特点呢？这就需要对儿童进行全面的、系统的心理评价。

三、有助于提高特殊教育的管理水平和质量

学校通过建立心理评估体系或制度能够获得与特殊儿童相关的各类信息和教学情况，并能利用这些获取的信息建立教学管理数据库。对这些数据和获得信息进行分析，有助于发现课程和教学中的亮点和问题，为学校的合理科学化管理提供依据。

特殊儿童的心理评估有助于特殊教育学校的教师形成一种自我监督和激励的机制。通过经常性的评估，教师会不断地反思自己在教学中哪些方面做得比较成功，哪些方面还有所欠缺。看到成绩，教师会产生更大的工作热情；而看到不足，教师会想办法解决工作中存在的问题，把工作做得更好。

科学评估是一种非常专业的活动，要求评价人员具有更全面的素质。他们不仅要非常熟悉我国的教育政策和教育方针等，而且还要掌握一定的特殊儿童的教育和心理的理论知识；他们不仅要了解教学、懂得教学，还要掌握一定的科学教研的方法。这项工作对特殊教育学校的教师来说是一项挑战，只有面对挑战，才能有斗志，进而才能取得进步。所以，特殊教育学校教师应积极开展或参与各种评价活动，以提高自身的理论水平、科研能力和创新能力。毫无疑问，只有教师素质得到了提高，教育教学质量才会从根本上得到提高。

第三章　特殊儿童的心理咨询

随着社会生活节奏的加快，人们的生活压力增大，进而导致人们不断提高对生活质量的追求，其中对心理咨询需求也不断增长。心理咨询不同于其他咨询，对身体健康有疑问的人，可以通过健康咨询了解到身体保健、医疗等方面的知识；对理财投资有疑问的人，可以通过理财咨询了解到如何使自己的资产投向收益较大而风险较小的领域。而有心理问题的人通过心理咨询得到的不是心理学的知识，也不是如何处理生活中困难的具体指导，而是通过心理咨询，提高自己解决问题的能力，以便更好地解决未来可能遇到的难题。

第一节　特殊儿童心理咨询概述

一、什么是心理咨询

（一）心理咨询的定义

所谓心理咨询，即咨询人员利用心理学的理论和技术，借助语言、文字等媒介，与咨询对象进行信息交流并建立某种人际关系，有助于来访者消除自身的心理障碍，并使其对自我和社会有一个正确的认识，从而使其充分发挥自身的潜能，更好地适应社会环境的过程。心理咨询的定义可以这样解读：心理咨询的对象是有心理问题并具有求助意愿的来访者，咨询师是具备心理学修养的专业人员，解决的问题是心理障碍，心理咨询能够顺利进行的中介是良好的人际关系。

（二）心理咨询的特征

由心理咨询的定义可总结出心理咨询的基本特征，即心理咨询是一种人际帮助活动，是心理咨询师对来访者提供帮助的活动；心理咨询是一个人际互动过程，利用言语、文字等媒介来相互传递信息、相互影响的过程；理咨询具有"心理性"，通过心理学的方法解决心理问题，也就是用非医疗的方式来解决来访者认知、情绪、行为方面的问题。

二、心理咨询与心理治疗的相同点和不同点

在一些心理咨询的相关文献中，心理咨询和心理治疗被当作意义相同的词汇使用，这给读者的印象往往是心理咨询等同于心理治疗，那么这二者究竟有何异同呢？在英文文献中，心理咨询用"psychological counseling"来表示，心理治疗用"psychotherapy"一词来表示，心理学工作者普遍认为这二者有差别，但区分的界限并不明确。这二者的差异并不是本质性的差异，而是程度和范围以及工作侧重点的差异。

（一）心理咨询与心理治疗的相同点

目标基本相同，心理咨询与心理治疗都指向来访者的个人探讨、自我认识、行为改变、性格发展和个人成长等，同时尽量消除来访者的不适应行为。另外，这二者所使用的基本理论相通，如精神分析理论、行为主义心理学理论、人本主义心理学理论等都被广泛应用于心理咨询和心理治疗过程中。

（二）心理咨询与心理治疗的不同点

从服务对象来看，心理咨询对象大多是正常人，他们面临的主要是现实生活中的困难与问题；心理治疗主要针对的是心理障碍比较严重的人，如出现变态、神经症等异常行为的人。一般来讲，从事心理咨询的人被称为咨询者或咨询心理学家；临床心理学家主要从事心理治疗，通常被称为心理医生。从帮助的侧重点来看，心理咨询主要是教育性的，以帮助来访者澄清认识、做出决策为主，侧重帮助来访者获得信息，学习新的适应技能，解决所面临的生活问题；心理治疗的目的主要是"医治"，以克服、消除各种精神症状、身心症状为主，常涉及较深入的心理品质、行为方式的改造，重视改善来访者的人格，有时会配合药物进行治疗。由于心理咨询和心理治疗并没有本质的区别，因此，人们也就不严格地区分使用这两个概念了。

三、心理咨询的分类

心理咨询从不同的角度可分为不同种类。

（一）按咨询性质分类

1. 发展心理咨询

困惑和障碍可能出现在个人成长的任何阶段。为了适应新的生存环境、选择更加合适的职业、实现事业的成功而突破个人的弱点等，学生必须进行发展性心理咨询。如今，在学校的心理咨询工作中，应以发展心理咨询为工作重点。

2. 健康心理咨询

当一个正常人由于受到各类刺激因素的影响，从而引起焦虑、抑郁等情绪问题，或由各种挫折引起行为问题时，即当他意识到自己的心理健康受到损害时，他就非常需要进行健康心理咨询。

健康心理咨询的内容包括精神病（心理咨询或心理治疗是精神病人康复的辅助手段之一，需要配合其他治疗手段）、神经症、性心理障碍、人格障碍、情绪障碍、人际关系障碍，咨询的主要内容之一就是人际关系中的挫折。在此提及的人际关系障碍，是指影响人际交往正常进行的不良心理因素。有时，人际关系障碍可引起学习、工作、情绪等方面的一系列紊乱，甚至会引起神经衰弱、抑郁症等生理和心理疾病。人际交往障碍常包括恐惧心理、自卑心理、孤僻心理、害羞心理、封闭心理、自傲心理、嫉妒心理、逆反心理、猜疑心理、敌意心理、干涉心理等。造成上述障碍的原因通常是多方面的。包括受以往生活中的挫折或错误思想观念的影响，还有个性缺陷（严重的表现为人格障碍），等等。

（二）按咨询规模分类

1. 个体心理咨询

个体心理咨询是指咨询师和来访者之间建立一对一咨询关系，为来访者提供心理帮助和指导的过程。咨询活动和来访者所处的社会、集体及家庭并没有直接关系。在内容方面，主要帮助来访者解决个人的心理问题。个体心理咨询是心理咨询的一个主要形式，一般而言，心理咨询即个体心理咨询。其中，面谈咨询是最常见的一种形式。因为它是个别进行的，不允许第三者在场旁听，因此，来访者易于消除顾虑，容易谈出自己内心深处的想法。同时，由于咨询双方是面对面的，咨询者可以通过对来访者的观察，接受比较多的信息，利于咨询的有效进行。

2. 团体心理咨询

所谓团体心理咨询，即咨询师为处于团体情境中的来访者们提供心理帮助和指导的过程。

在现实生活中，许多人类的适应或不适应、心理健康或障碍通常源于人际关系，并在人际关系中不断发展和变化。正是在这一背景之下，团体心理咨询产生了，并取得了一定进展，也就是说，人的心理和一切发展都与社会环境密切相关，人的许多心理问题都出现在人际关系之中。所以，通过团体的人际交互作用来模拟社会生活中的情境，具有一定的针对性。

团体心理咨询并不是个体心理咨询的简单拓展，他有自己的独到之处，其作用在于团体为个体提供了一面镜子，具体作用如下所示。

①成员接受并提供来自其他参与者的帮助。

②在其他参与者与指导者的反馈中，成员可以获益。

③团体的结构方式可以使成员的归属需要得到满足。

④团体情景鼓励成员做出承诺，并采取行动来改善他们的生活。

团体心理咨询有很多种类。根据团体的形式可以分为发展性团体咨询、训练性团体咨询、治疗性团体咨询；根据咨询中的侧重点不同，可以分为重点放在个体的团体心理咨询和重点放在团体成员之间的交互作用上的团体心理咨询；等等。

3. 家庭心理咨询

在家庭心理咨询师看来，家庭是一个动力结构，每个成员之间相互作用，形成相对稳定的互动方式，以更好地维系家庭。当家庭中的一个成员出现问题时，通常关系到其他成员，是家庭成员之间相互作用的结果。所以，家庭心理咨询师必须要在整个家庭系统中来对个体的心理障碍进行诊断和治疗。家庭心理咨询师应该根据家庭结构和成员之间的相互关系来重新调整咨询内容，从而更好地解决个人的问题。这源于心理咨询所依据的理论，即系统理论、交往理论和社会角色理论。

正是基于这样的看法，有关专家提出了进行家庭治疗的前提：所处理的问题是在家庭中产生的，问题可以表现为个人的，也可以是家庭成员共同面临的。因此，家庭心理咨询师必须在家庭结构与成员的相互关系中推断问题的性质。家庭心理咨询师的治疗措施着眼于调整家庭成员的相互关系，改变问题产生的家庭动力机制。

（三）按咨询时程分类

1. 短程心理咨询

短程心理咨询即在较短的时间内完成咨询。短程心理咨询将资料收集和分析的重点放在心理问题的关键之处，解决来访者的一般心理问题；追求近期疗效，不严格规定中、远期的疗效。要想做好这类咨询工作，咨询师要具备敏捷、果断的思维，运用准确的语言，同时也应该具备丰富的实践经验。

2. 中程心理咨询

中程心理咨询即要在 1～3 个月内完成咨询。中程心理咨询要求咨询师对那些比较严重的心理问题制订完整的咨询计划，咨询预后追求中期以上疗效。

3. 长期心理咨询

通常来讲，咨询师可以通过长期心理咨询来处理严重的心理问题，长期心理咨询往往需要 3 个月以上的时间。咨询师应通过标准化咨询方法，并制订详细的咨询计划，追求中期以上的疗效，并要巩固疗效。那些初级心理咨询师不仅要制订详细的咨询计划，而且要撰写案例分析报告。

（四）按咨询形式分类

1. 门诊心理咨询

门诊心理咨询目前不仅局限于医院门诊，而且在专业心理咨询中心也可以进行。

门诊心理咨询的方式是面对面咨询，其特点是及时对来访者进行检查和诊断，及时发现问题，并及时处理问题。所以，这一方法在心理咨询中是最有效的。

2. 电话心理咨询

所谓电话心理咨询，即通过电话进行来访者咨询。电话心理咨询早期在心理危机干预方面用得较多，可以防止因心理危机所引起的恶性事件。

如今，电话咨询的范围很广，是一种方便快捷的心理咨询方式。但它也存在一定的局限性。

3. 互联网心理咨询

互联网心理咨询是心理咨询师通过互联网来帮助和指导来访者一种方式。互联网心理咨询不仅可以突破地域限制，还可以记录咨询的整个过程，以便咨询师深入分析来访者的问题，并讨论相关的案例。

第二节　特殊儿童心理咨询方案的制订

一、明确咨询目标

（一）全面了解来访者的有关资料

1. 明确来访者要解决的问题

一些来访者会主动与咨询师沟通自己需要解决的问题，以及他们需要什么样的帮助。

咨询师要分清哪些问题是可以通过心理咨询帮助来访者通过自我成长解决的，哪些问题并不属于心理咨询的解决范畴。例如，有的来访者对自己的经济收入不满意，希望咨询师能给他出主意挣大钱；有的来访者希望咨询师劝说配偶不要与自己离婚。这些问题都不是心理咨询的解决范畴，前一个来访者需要通过投资咨询或职业发展咨询帮助他解决经济收入的问题，后一个来访者可以根据实际情况求助于社会工作者。

2. 了解问题产生的原因

咨询师通过了解来访者出现心理问题的原因、背景等因素，可以有针对性的制订咨询方案。针对在生理、心理和社会等要素的相互影响下出现的心理问题，咨询师需透过现象看到问题的本质，分析心理问题的原因，找到主要的原因和深层的原因。只有解决了根本原因，才能彻底帮助来访者解决问题。

3. 选择最先解决的问题

要澄清来访者的心理问题，咨询师首先需要和来访者探讨他的当务之急是什么。其一，可以先确定其存在的主要矛盾或主要问题，咨询师应先帮助其解决主要问题，再帮助其解决次要问题，这样将会在很大程度上提升咨询的效率。当来访者解决了这些主要问题之后，就能将学习到的解决方法应用到解决次要问题的过程之中。然而，由于主要问题难以解决，如果进展缓慢，就会影响来访者的信心。其二，咨询师也可以先解决那些容易的、次要的问题，优势在于咨询见效快，这将会在很大程度上提升来访者的信心和积极性。

（二）制定咨询目标

一旦来访者和咨询师达成协议，咨询师就可以确定咨询目标，并根据以下标准来对所制定的咨询目标进行评估。

1. 目标是否具体

目标越具体，在实施咨询方式时就越容易采取相应的手段，并且也就越有效。大目标应该被分解成不同层次的小目标，通过实现小目标并逐渐实现大目标。没有具体的目标，将很难操作和评估咨询的效果。

2. 目标是否可行

目标应该与来访者的现有能力相一致，并且由咨询师提供所需条件，如果超出现有水平，那么目标将很难实现。另外，双方都需要重新修订那些不切实际的目标。

3. 目标是否积极

咨询目标的有效性也反映在目标的价值上，如果实现的目标符合来访者的发展需要，那么便可以认为这个目标是积极目标。

4. 目标是否可以被评估

一个目标是否可以被评估与目标是否具体有着直接的关系。评估目标的实现情况能使咨询双方得到鼓舞。当发现不足之处时，咨询双方应及时协商调整目标。另外，咨询师可以通过观察来评估来访者行为表现方面的目标，通过心理测验的方式来评定来访者情感、态度等方面的变化情况。

5. 目标是否多层次统一

咨询目标既包括长期目标，又包括近期目标；既包括终极目标，又包括具体目标，它们之间存在着密切的关系。咨询师在制定咨询目标时不仅要考虑局部，而且要考虑整体；不仅要制订特殊目标，而且要制订一般目标。心理咨询的最终目标是使来访者的心理得到发展，增强来访者的自我效能感。这个最终目标需要在很多具体的目标的实现的情况下才能更好地得以实现。

6. 目标是否是双方都可以接受的

一般而言，双方需要通过协商来确定咨询目标，如果双方的预期目标存在差异，那么双方就需要通过沟通来予以修正。如果不能协调，咨询师就应该优先考虑来访者的要求；如果来访者的预期目标得不到咨询师的认可，就可以选择中止咨询或转介。

二、明确双方责任、权利和义务

（一）来访者的责任、权利和义务

1. 来访者的责任

①来访者应向咨询师提供与心理问题有关的真实资料。如果来访者是儿童，

家长或教师应该提供相关资料。

②来访者应积极同咨询者探讨,共同寻找问题的解决方案。通常来讲,大部分儿童来访者都是在家长或教师的要求下来进行心理咨询的,欠缺求助动机,加上有限的言语表达水平,家长或教师还需配合咨询者的工作,从而共同达成双方商定的咨询目标。

2. 来访者的权利

①有权利转介或中止咨询。

②有权利了解咨询的基本方法、过程和原理。

③有知情权、谈判权和选择咨询计划内容的权利。

④有权利了解咨询者的受训背景和职业资格。

⑤有权利根据自己的需要,选择或更换咨询者。

3. 来访者的义务

①认真遵守咨询机构的相关规定。

②遵守和执行协商后的咨询方案的相关内容。

③尊重咨询师,并严格遵守预约时间,如有特殊情况提前向咨询师告知。

(二)咨询师的责任、权利和义务

1. 咨询师的责任

①帮助来访者解决其心理问题。

②严格遵守保密原则,并说明保密例外。

③认真遵守职业道德,并遵守国家的相关法律法规。

2. 咨询师的权利

①有权利选择合适的来访者。

②出于对来访者的负责,有权利提出转介或中止咨询。

③有权利了解与来访者心理问题相关的个人资料。

3. 咨询师的义务

①遵守咨询机构的相关规定。

②遵守并执行协商后的咨询方案的相关内容。

③向来访者介绍自己的受训背景,并向来访者出示资格证等相关证件。

④充分尊重来访者,严格遵守预约时间,如有特殊情况提前向来访者告知。

三、咨询时间安排与过程、方法

（一）咨询时间安排

咨询一次约为50分钟，一般每周1～2次，咨询师应该根据来访者的具体情况来确定具体的次数和时间。

（二）咨询的过程、方法

1. 咨询过程

通常来讲，可以将咨询过程分为以下三个阶段。

（1）诊断阶段

这一阶段的内容包括建立咨询关系、收集相关资料、进行心理诊断、确立咨询目标、制订咨询方案等一系列步骤。

（2）咨询阶段

在心理咨询中，这一阶段是最核心、最重要的。在这个阶段，咨询师的主要任务是帮助来访者分析和解决问题，从而改变他们不适当的认知、情绪或行为。

（3）巩固阶段

这一阶段是咨询的总结、提高阶段。巩固不仅可以是阶段性的，而且可以是终结性的。咨询师应通过回顾和总结咨询过程，巩固咨询成果，使来访者能够在未来的生活中运用所学到的东西，从而有效提升来访者的心理健康水平。此外，咨询师也应做好追踪调查工作。

2. 咨询方法

（1）有针对性地选择方法

咨询师应因人、因事、因时、因地地选择咨询方法，针对不同的问题，选择不同的方法，针对不同的阶段和对象，运用不同的方法。

（2）整合运用不同咨询方法

综合地运用几种不同的咨询方法，将会使咨询的效果更佳显著。针对不同的心理层次，咨询师应选择、运用能够相互配合、相互促进的方法多种方法。由于咨询师可能特别信奉某一种理论和方法，只运用这一种方法、模式，所以，咨询具有特定的适应面，然而这样的咨询却很难适合更多人。因此，咨询师逐渐开始整合多种咨询方法，整合方法应运而生。与单一方法相比，整合方法节省了时间，而且能取得比单一方法更好的效果。

第三节　特殊儿童心理咨询的技巧

一、会谈中的非言语技巧

人们在谈话过程中不仅用耳听，还用眼睛去观察，从而获得对方表达出来的言语和非言语信息。当交谈一方言语信息的内容和态度与他的非言语信息表达得不一致时，对方更倾向于相信非言语信息所表达的内容。因此，一方面，咨询师在会谈过程中要注意捕捉来访者的非言语线索，它常常能够表示来访者的情绪感受；另一方面，咨询师要善于运用非言语信息影响来访者，营造温暖、包容的谈话氛围。

（一）主要的非言语沟通方式

1. 目光

眼睛是心灵的窗户，能够显露出个体的内心世界，人对自己的目光是很难随意控制的。目光接触是最重要的非言语沟通的方式。如果谈话对方缺乏眼神交流，谈话就会变得不愉快。如果一直采用"盯人"的方式，对方也会倍感压力，甚至会产生厌恶心理。一般当来访者有意避开目光接触时，咨询师就不要再盯着对方看了。来访者回避或移开目光常是因为他谈及重要问题、内心激烈冲突的内容。

2. 面部表情

面部表情是可以完成精细信息沟通的另一种非言语的方式。人的面部有数十块表情肌，可表达极其复杂的情感变化，生成丰富的表情。来自面部的信息很容易为人们所察觉。一般来说，表现愉悦的关键部位是嘴、颊、眉，表现厌恶的关键部位是鼻、颊、嘴，表现哀伤的关键部位是眉、额、眼睛及眼睑，表现恐惧的关键部位是眼睛。

3. 声音特征

声音特征的三个要素是音强、音调、语速。当一个人的声音特征要素在交谈中明显改变时，就表明了对方的心里发生了什么。咨询师应保持对来访者声音特征的敏感性，也可以通过改变自己的声音特征来达到会谈的某些目的。对于有视觉缺陷的来访者来说，声音是唯一能表现咨询师的手段。

4. 身体运动与姿态

身体运动是人们在交流中常用的非言语技巧，其中手势语占有重要位置。正常情况下，人们都会用手势语来表达情感和态度，如摆手、耸肩、搓手、挠头、点头等。

姿势是个体运用身体或肢体的动作表达情感及态度的非言语方式，有趣的是，虽然各个国家或地区的语言千差万别，但有些姿势却是通用的身体语言。

个体的服装、化妆、饰品等也能透露个人的情趣、爱好、情感、态度、社会角色等方面的信息。

（二）善用非言语技巧

咨询师在会谈过程中除了要识别和分析来访者的非言语信息之外，还要善用非言语技巧与对方沟通。这就需要咨询师提高非言语交流的敏感性，有意识地留意自己和对方表现的非言语信息。

二、参与性技巧

（一）倾听与询问

1. 倾听的态度和习惯

要帮助来访者实现心理成长，咨询师就要设身处地地理解来访者，从来访者的角度去理解他们的世界。要做到这一点，首先要让来访者感受到咨询师的关注。所以，咨询师倾听的态度和习惯比具体技巧更重要，因为与听相比，生活中的大部分人更愿意说，更习惯说，而不习惯听。在听他人说时，人们往往带着个人价值观在听，他们会看对方说的话是否符合自己的价值观或看法，这样一来，他们就能将对方进行归类。这种主观倾向很强的"听"在咨询会谈中会妨碍咨询师不带偏见地进入来访者的生活、内心世界。全神贯注地听本身就具有表达咨询师对来访者关注的作用。咨询师的倾听并不是被动活动，而是鼓励来访者表达自己的观念和感受的一种方式，是积极地对来访者的表达做反应的过程。

认真倾听相当耗费精力，要求咨询师全神贯注，分析信息，做出适当的反应。另外，倾听的态度不仅会通过咨询师的言语表现出来，也会通过非言语的方式流露出来，因为隐藏的、真实的态度往往通过非言语的方式流露出来。因此，咨询师要善于运用非言语的表达技巧。

2. 提问的方式

咨询师是否提问或用何种提问方法，与不同咨询理论流派的影响有关。认知疗法就大量使用"为什么"的提问方式，引导和激发来访者的思考和内心探索；以人为中心流派就反对一切提问，认为提问或多或少渗透了咨询师自己的感受。根据提问的方式不同，提问可分为开放式提问和封闭式提问。

（1）开放式提问

开放式提问是指来访者往往不能用一两个字来回答的，可以引出来访者一段解释、说明或补充的提问。开放式提问常常以"怎样""是什么""为什么""愿不愿意告诉我……"等形式为主，通常引出一些事实资料，事件发生发展的过程、理由、原因或来访者认为合理的解释、自我剖析等内容。但是，过多的"为什么"的问题会使咨询关系疏远，有的是来访者无法回答需要咨询者的帮助来解答的问题。较为委婉的提问方式如"能不能告诉我……""你愿意谈谈……方面的问题吗？"，则是对来访者谈话的一种邀请，不带有强制性，会表现出咨询师对对方的尊重。

（2）封闭式提问

封闭式提问即可以用"是""否""好""不好"等以很少的字进行简短回答的提问。这类提问通常以"会不会""有没有""要不要""是不是"等形式为主，它不需要来访者提供简短回答以外的更多信息，不扩大话题范围，而是查证提及的问题。封闭式提问的目的是获得特定的信息，澄清事实，不断缩小讨论范围。当来访者的叙述与正题发生偏离时，咨询师可以在适当的时候通过一些封闭式的提问来中止其叙述。在探索来访者心理问题的阶段，当已经讨论了很多内容之后，咨询师可以通过这种询问来补充和证实那些已经提到的材料。这种提问具有较强的约束作用，也能节省一定的时间。但它限制了来访者的表达，不利于咨询师进一步探索其内心世界，因此不宜多用。

（二）鼓励

鼓励是咨询师通过一些断语或复述来访者谈话中的一两个关键词或语气词等动作来完成的。因此，它充分体现了咨询师的理论取向。

（三）释义

释义即内容反应，是咨询师对来访者的主要言谈和思想进行综合和整理，再向来访者进行反馈的过程。反馈的内容应该简明扼要，咨询师通常采用直接引用来访者原话中的关键词句的方法。释义可以检查咨询师是否准确理解了来访者所说的话，因此，释义的基本功能是"澄清"。释义还将向来访者传递这样的信息：咨询师在认真听来访者说话。释义能使来访者感到被理解，这依赖于释义的准确性。准确的释义对建立良好的咨询关系很有帮助。释义还可以帮助来访者再次审察自己的问题，并重新加以组织。

（四）情感反应

所谓情感反应，即咨询师通过词句来表达来访者所说、所体验的感受的过程。尽管这些感受是来访者感受到的，但他却没有留意到。情感反应的基本功能在于引导来访者注意并探索自己的感受和情绪体验，或把这些感受和与之相伴的情景联系起来，从而能够从整体上对自己有一个体验和认识。

情感反应和释义有很多共同之处，有时是分不开的。释义注重对来访者言谈内容的反馈，而情感反应则充分强调了来访者的情绪反应。通常来讲，释义和情感反应是同时进行的。

发现来访者出现的混合情感或矛盾情绪的含义及其影响因素对咨询的意义颇大。

（五）参与性概述

参与性概述是指咨询师完整而扼要地叙述来访者已谈过的事实、感受和原因。参与性概述的作用主要在于给来访者一种运动感，使来访者有机会回顾，使其感受到咨询起到了一定作用，产生了一定的效果，从而结束一段或一次会谈。

三、影响性技巧

（一）解释

解释就是咨询师依据某种理论来描述来访者的思想、情感等，使来访者产生领悟的过程。

（二）指导

指导这一技巧是最具有影响力的，即咨询师直接指导来访者以某种方式做某件事的过程。行为疗法中很多技术方法都可归于指导这一类别。指导与解释一样，与不同心理咨询流派的理论联系紧密，不同的理论可能会运用不同的指导技巧。例如，精神分析流派中的自由联想，行为主义流派中的放松技术、系统脱敏，完形疗法中的角色扮演等等。对于希望了解指导的理论支持或相关信息的来访者，咨询师应在指导时配合一定的解释。

（三）内容表达

所谓内容表达，即咨询师传递信息、提出建议等的过程。咨询过程中的所有具有影响力的技巧都依赖于内容的表达，都是通过内容表达发挥各自的作用的。从广义上来讲，内容表达包括指导、解释、自我开放等。反馈也能表达内容，可以反映咨询师对来访者的看法，从而使来访者了解自己的情况，并做出相应的调整。

内容表达的另外一种形式是提出忠告和建议，咨询师给予来访者指导性的信息。为来访者提供信息与忠告在心理咨询会谈的很多时候都是必要的，但这些技巧却可能会给会谈带来潜在的危害。咨询师为来访者提供忠告和建议要完全以其利益为出发点，并尽可能使对方了解自己提出有关忠告的依据，如果对方不以为然，咨询师应重新检查自己对对方问题与想法及某些个人特点的理解，帮助其另外寻找解决方案。有时咨询师站在自己的立场上看问题，并未真正了解对方；有时，来访者一时不能真正体会忠告的好处，因而不能接受。委婉的措辞易于被来访者接受，进而可能对其产生影响。咨询师在使用这一技巧时要慎重，过多的忠告或建议咨询效果并不一定好。

（四）逻辑推论

所谓逻辑推论，即咨询师按照来访者提供的相关信息，通过运用逻辑推理的原则，引导来访者了解他们的思维和行动可能产生的结果的过程。运用这种技巧时，咨询师可以用"如果……就会……"这样的语句。例如，有这样一对关系紧张的母女，母亲辛辛苦苦工作尽量满足女儿的一切物质要求，同时她也要求女儿每次都要考出好成绩，咨询师在引导母女双方对自己思想、行为进行逻辑推断时可以说："如果你是妈妈（或女儿），努力工作（学习）连休息的时间都没有，到头来却不能让对方开心、满意，你心里会怎么想？"

（五）自我开放

所谓自我开放，即咨询师和来访者共同分享他自己的情感、经验等的过程。在社会心理学的研究中，自我开放就是把自己私人性的方面展示给他人，良好的人际关系是在自我开放行为逐渐增加的过程中发展起来的。随着接纳程度的日益提高，双方之间的了解也会越来越多，因此，自我开放的广度和深度是人际关系深度的一个敏感的探测器。在心理咨询中，咨询师的自我开放行为在一定程度上能够增加来访者的自我开放行为。同时它还使来访者觉得心理咨询对自己吸引力越来越大，从而使来访者对积极参与会谈越来越感兴趣。

四、咨询特质的表达技巧

咨询特质是咨询师在咨询过程中表现出来的，是对咨询关系和咨询效率有直接影响的人际反应特点。罗杰斯十分强调在心理咨询中的咨询关系，他常把良好咨询关系中的特点和咨询师反应特点放在一起讨论，并提出了共感、真诚意志、无条件积极关注等表达技巧。除此之外，其他的心理咨询理论家也提出了自己的看法，有的将咨询特质认定为"成长条件"，有的则认为它是"帮助者的特点"。下面介绍几种主要的咨询特质及其表达技巧。

（一）积极关注

1. 积极关注的内涵

积极关注即咨询师有选择地关注来访者言语和行为的积极面，从而使来访者树立正确的价值观。

2. 使用积极关注技巧时的注意事项

咨询师应避免盲目乐观、过分消极情况的出现，应实事求是。

（二）尊重

1. 尊重的内涵

所谓尊重，即咨询师尊重、接纳和爱护来访者的价值观、人格和权益，另外，尊重也是建立良好咨询关系的一个重要条件，是咨询取得成效的前提条件。

人本主义心理学家罗杰斯非常强调尊重对咨询的意义，在他创立的以来访者为中心的疗法中特别提出了"无条件尊重"。他认为来访者需要知道咨询师是否理解他们的想法及感受，想知道咨询者是怎么看待他们的，总之来访者很想知道咨询师对他们的整体印象，来访者按照双方的接纳和了解程度来表达自己的情感和要求。

尊重来访者的意义在于营造一个安全、温暖的人际交流氛围，使来访者能最大限度地表达自己。当来访者体验到被重视、被尊重时，他就会获得一种自我价值感。尤其是尊重那些在生活中缺少尊重、关注的来访者能够起到显著的效果。

一位咨询师接纳和尊重来访者的程度与他的人性观有关，同时，他的人性观还会影响到他对咨询理论和方法的选择。在咨询过程中，来访者表达的往往以人生中的消极面为主。对人持有消极观念的咨询师，他们不相信来访者会有能力解决问题，容易忽视来访者身上的潜力、光明面。咨询师积极、乐观的人性观、人生观是影响咨询氛围的基调，关系到各种咨询特质的运用和表达。持悲观消极人生观的咨询师很难有效地发挥共情、积极关注、尊重、温暖等特质的作用。

2. 使用尊重技巧时的注意事项

在咨询过程中使用尊重表达技巧时,咨询师应该注意做到以下几点。

（1）完整接纳一个人

咨询师应把来访者看成一个有人权、有价值的人。尊重意味着接纳一个人的优点和缺点,将来访者视为一个完整的人。即使是一个价值观和自己相差甚远的来访者,咨询师也应平等地与其交流。做到这一点并不容易,当来访者坚持自己无理、片面的想法时,或来访者具有某种恶习时,有些咨询师就很难以尊重的态度接受并与其平等交流,可能不由自主地流露反感厌恶的情绪。因此,咨询者应首先拦截自己的价值观,并充分尊重对方的价值观。价值观的形成背景是非常复杂的,当前社会的价值观也日趋多元化,咨询师对不同的价值观能否持有开放的观念是非常重要的。

（2）一视同仁

来访者是各种各样的人,有漂亮的,也有平常的;有善于言谈的,也有木讷的;有高文化的,也有低学历的;有年轻的,也有年老的;等等。不管来访者是什么样的人,他们都是咨询师的服务对象,是一个与咨询师一样平等、完整的人,是需要咨询师帮助的朋友,因此,咨询师对他们都应该予以尊重。

（3）以礼待人

对咨询师而言,来访者都是客人,应在言行上以礼相待,不对来访者发脾气,不嘲笑,不动怒,不惩罚。即使来访者出言不逊,咨询师也应以礼相待。

（4）信任对方

信任是尊重的心理基础之一。在咨询的初期,由于咨询关系还没有完全建立起来,来访者在谈及某些问题时心存顾虑。咨询师应尊重来访者的感受,借助自己对对方的尊重、理解、温暖来消除来访者的顾虑。当来访者的言谈出现不一致的情况时,咨询师应该善意提醒并帮他澄清,而不要认为来访者故意隐瞒,不诚实。

（5）以真诚为基础

尊重不等于一味迁就来访者,不等于咨询师不能发表不同的意见。咨询师可能会遇到与来访者有不同的观点、做法的情况,根据掌握的材料及咨询关系建立的状况,可以适时、适当地表明自己的意见,否则将违背真诚的原则。有不同意见并不代表咨询师不尊重来访者,更不意味着咨询师否认来访者,咨询师要让来访者了解到这些不同意见只对事不对人。在建立了良好咨询关系之后,咨询师适度表达对来访者言行的看法也会推动咨询的进程。同时让来访者看到他人观点、看法与自己的差异也很有必要。在咨询的后期,咨询师还有可能对来访者进行面质。帮助来访者建立对事不对人的心态是很重要的。

（6）保护来访者的隐私

咨询中涉及的内容有可能是来访者生活中的隐秘，来访者不愿让外人知道。咨询师不应随便外传来访者谈及的隐私、秘密，不能将咨询过程的记录随意透露给无关的人员，但应将关系到他人和社会安全的内容反映给有关人员，提示其注意。对于来访者不愿意透漏的内容，咨询师应该有一定的耐心，不要施压。另外，咨询师不可出于自己的好奇心，探问对方的隐私。

（三）温暖

1.温暖的内涵

温暖指咨询师用非言语的方式表达出对来访者的关怀、爱护。温暖应贯穿于整个咨询过程，从来访者进入咨询室到咨询结束离开，咨询师都应该表现出周到、关心，让来访者感觉到自己受到了友好接待。

2.如何表达温暖

在通常情况下，来访者初到时会带有一种错综复杂的心理，既希望咨询是有效的，咨询师是专业的并能热情地帮助自己，又担心事实是否如此。因此，多数来访者是抱着忐忑不安、紧张、疑虑的心态前来的，可能会表现得拘谨、手足无措，这时，咨询师的友好、关心通常能有效消除来访者的不安情绪，使其感受到温暖。咨询师一开始可以寒暄几句，询问来访者的情况，例如，来访者是怎么来的，是否好走，等候的时间长不长，等等。这些关心来访者生活细节的话语可使其感受到温暖。如果来访者急于倾诉，咨询师可以直接进入正题。

在咨询过程中，咨询师应适当地应用倾听技巧，重视语言表达，做到全神贯注，留心来访者的言行。咨询师应适当注视来访者，面部表情、身体姿势都应传达出对来访者的一种关注和共情。非言语行为往往比言语更能让来访者感受到咨询师对自己的态度。咨询师的温暖会激发来访者的合作愿望，因此，温暖本身就具有助人功能。

有的来访者表达能力可能不足，从而使咨询师难以把握。这些来访者语无伦次、颠三倒四或含糊其词、用词不准，导致咨询师不知其所云，理不清头绪。咨询师应该耐心面对这样的情况，如果心烦意乱，不仅不利于清事实真相，还会给来访者增加心理压力。

咨询师在面对沟通困难的情况时，要根据来访者表达困难的原因，采取应对措施，帮助来访者整理表达的内容。如果来访者是由紧张引起的，咨询师应让来访者安定情绪，寒暄几分钟生活话题，再进入正题；如果来访者由于表达能力欠佳而叙述不清时，咨询师应善于归纳，帮助来访者澄清问题。另外，有些来访者可能不知讲什么好，咨询师可多启发，多提些问题，给来访者一个谈话的方向、范围。如果来访者说的话符合咨询目标，咨询师应予以鼓励。

温暖是一位咨询师必备的素质，温暖是咨询师真情的流露，咨询师只有对来访者充满关切之情，才能使来访者真切地感受到温暖。这也与咨询师的人性观有关。

（四）真诚

1. 真诚的内涵

真诚是指咨询师为来访者营造一个安全自由的氛围，使他知道自己可以坦白表露自己的软弱、隐私等。真诚要求咨询师以"真我"出现在咨询过程中，以及开放、自由地投入整个咨询过程。当人与人的交流缺乏真诚、流于表面时，人与人之间的共处就不会再有促进成长的功能，反而还会产生负面的效果。

2. 如何表达真诚

（1）实事求是

真诚的交流还与咨询师能否正视自己的不足有关，有的咨询师为了表明自己的专业水准，不懂装懂，或掩饰自己在某些方面知识技能的不足。由于初学者非常注意自己的个人形象，希望自己在来访者面前是权威的，过分地表现自己以致让人觉得不够真诚，给双方的沟通增加了困难。

（2）真诚应适度

既然真诚是有益于取得咨询成效的，是不是表达得越频繁越好呢？实际上，不管是何种咨询特质，在运用和表达时都要注意应有益于来访者的改变为目的。对来访者的真诚亦因人因时而异，特别是在咨询初期，过于频繁地表达真诚会使来访者产生不好的感觉。

真诚是个人内心的自然流露，不是靠技巧获得的，它与咨询师的人性观、人生观有直接关系。

（3）真诚不等于说实话

真诚和说实话之间有联系，但二者是不能完全等同的。认为真诚就是说实话是一种教条、绝对化的理解。对于咨询师而言，表达真诚时应符合一个基本原则，这一原则其实适用于整个咨询过程，即对来访者负责、有助于来访者的成长。因而，表达真诚并不是什么都可以随意地说出来，而是所说的应该是真实的，而且真诚不仅仅表现在言语中，也表现在咨询师的非言语行为中，尤其是咨询中的实际表现中。

（4）真诚不是自我发泄

在来访者表述自己的经历和感受时，咨询师应能理解对方的感受，并适当地自我开放，表达自己的回应和共鸣。但在此过程中，咨询师的叙述应以帮助来访者为目的，咨询师的真情表白不应过多占用来访者的求助时间，能表明自己的立场或主张就可以了。

3. 真诚层次及练习

在助人过程中，真诚的表达是一种智慧，其前提是有益于咨询的进行，有助于对方的成长。咨询师在进行心理咨询的过程中会有不同层次的真诚的表达。真诚主要可分为以下四个层次。

层次一：咨询师隐藏自己的感觉，或者以沉默来惩罚受访者。

层次二：咨询师以自己的感觉来反应，他的反应符合他所扮演的角色，但不是他自己真正的感觉。

层次三：为了增进两人之间的关系，咨询师有限度地表达自己的感情，而不表达否定、消极的情感。

层次四：无论是好的或不好的感觉，咨询师都以言语或非言语的方式表达出来，经由这些情感表达，双方的关系变得更好。

（五）共情

共情即专业书籍中提到的通情达理、移情、同情、同感、共感等。总之，共情是指设身处地地体会、感受对方。在罗杰斯看来，共情是体验别人内心世界的能力。

根据咨询师反映的内容、感受、程度 3 个指标，共情可分为 5 个层次，具体如表 3-1 所示。

表 3-1　共情的层次

层次	内容	感受	程度
一	无	无	无
二	有些	无	无
三	有	有些	浅
四	较多	有	有些
五	丰富	准确	深刻

共情在咨询中的重要性体现在通过共情，咨询师能更准确地把握材料，来访者会感到自己被理解、接纳，从而会感到愉快、满足；共情对于那些迫切需

要获得理解、关怀的来访者，有更明显的咨询效果。咨询师如果在咨询过程中做不到共情，容易出现以下问题：来访者感到失望；来访者觉得受到伤害；影响来访者自我探索；影响咨询师对来访者的反应，往往缺乏针对性。

（六）即刻性

1. 即刻性的含义

即刻性的含义包括以下两个方面：一方面，咨询师帮助来访者关注当前的状况，而使其不要充分关注过去和未来；另一方面，指当来访者谈论咨询关系时，咨询师对此做出的反应。

2. 即刻性层次及练习

根据即刻性的第二个含义，可把即刻性分为 4 个层次。

层次一：忽略。即咨询师忽视来访者谈论的有关彼此间关系的所有线索。

层次二：拖延，搁置。即咨询师能体会来访者所说的彼此间关系的问题，但想拖延到以后再谈。

层次三：不具体，但开放。即咨询师谈论他与来访者之间的关系，但很笼统而没有针对具体问题谈。在这一层次上，咨询师愿意分担彼此间关系上发生的任何不足。

层次四：明了，即时。即咨询师和来访者坦然公开地讨论彼此间的关系。

（七）简洁具体

来访者在咨询过程中常常在言语表达上出现以下问题。

1. 问题模糊

在说到自己的问题时，有些来访者通常用一些含糊、普遍的字眼，比如"我很烦""我觉得活着没意思"等。当来访者这样来表达自己的情绪时，他就很容易被笼罩在消极的情绪中。有时来访者自己也觉得说不清楚自己的所思所感，搞不清事情是怎样的，只有一些模糊的、不确定的感觉。此时，咨询师就需要帮助他理清头绪，使其明确自己的问题或感受。

2. 概念不清

由于对某个概念、某个词的理解不全面，来访者会对自己产生错误的认识。

如果来访者的表述过于空泛、杂乱，咨询师要通过进一步的提问来帮助他澄清问题。因此，咨询师要借助一些开放式的提问来帮助来访者准确地讲述自己的经历和感受。有的咨询师担心自己给来访者留下理解力不强的印象，不愿多问，靠自己去猜测，既费时费力，又不一定符合来访者的实际情况。

同时就咨询师来说，在咨询过程中，其言辞不但要适当，还一定要简单和清楚，不能含糊不清、模棱两可。另外，咨询师不要给来访者贴标签。咨询师不适当的反应会在很大程度上影响来访者，有的来访者可能会因此产生阻抗反应，不配合咨询活动，咨询关系恶化；有的来访者可能会接受咨询师的暗示、强化，以偏概全地来评价自己，这样对来访者的改变也是十分不利的。

3.过分概括化

过分概括化是指来访者将对个别事情的看法和意见上升为一般性的、概括性的结论，把对个别事情的看法推而广之，把有时产生的消极体验认为是经常性的。针对来访者的过分概括化，咨询师要帮助他们澄清。

第四章 视觉障碍儿童心理健康

由视觉障碍带来的生活不便，影响了视觉障碍儿童的心理健康。虽然视觉障碍与儿童个性的形成并没有必然关系，并非视觉障碍儿童就一定会面临更多的心理问题。但是与普通儿童一样，视觉障碍儿童在心理发展的过程中会出现各种心理问题，需要进行自我调适和他人的帮助。并且由于视觉障碍儿童的生理缺陷，其表现出来的心理问题也具有一定的特殊性。

第一节 视觉障碍儿童的心理问题及其产生的原因

一、什么是视觉障碍

视觉障碍是指由各种原因导致的双眼视力不同程度的视力损失或视野缩小，难以做到一般人所能从事的工作、学习和其他活动。视觉障碍儿童是指由先天或后天原因导致视觉障碍的儿童。这里应该注意的是视觉障碍儿童并不等同于盲童。盲童只占视觉障碍儿童的一部分，大部分视觉障碍儿童尚有残余的视力，并非全盲。1987 年，全国人口普查数据显示，全国约有 5164 万人残障，其中视觉障碍儿童约有 15.1 万。2006 年，国家卫生部的统计调查发现我国视觉障碍患者已经达到了 500 万，占全世界视觉障碍人口的 18%。

二、视觉障碍儿童的分类

视觉障碍是一个统称，根据不同的标准可以分为不同的类型。我国最新的残疾人评定标准把视觉障碍分成四个等级。

一级：优势眼的最佳矫正视力低于 0.02；或视野半径小于 5 度。

二级：优势眼的最佳矫正视力优于或等于 0.02，而低于 0.05；或视野半径小于 10 度。

三级：优势眼的最佳矫正视力优于或等于 0.05，而低于 0.1。

四级：优势眼的最佳矫正视力优于或等于 0.1，而低于 0.3。

①盲或低视力均针对双眼而言，若双眼视力不同，则以视力较好的一眼为准。如仅有一眼为盲或低视力，而另一眼的视力达到或优于 0.3，则不属于视觉障碍范畴。

②最佳矫正视力是指以适当镜片矫正所能达到的最好视力，或以针孔镜所测得的视力。

③视野半径小于 10 度者，不论其视力如何均属于盲。

以视力损伤的程度为标准划分视觉障碍的等级具有重要的意义。视力损伤程度不同的视觉障碍儿童在生活、学习以及其他的心理机能上都有着不同的发展特点。其中盲和低视力儿童之间的差别最明显。与全盲儿童相比，低视力儿童可通过残余的视觉获取信息，在学习中可以直接使用特殊的汉字课本。但是低视力儿童利用视觉的能力有限，需借助于助视设备，在校正后其视野与视敏度也与视觉正常儿童不完全相同。这使得全盲儿童、低视力儿童与视觉正常儿童之间均存在差异。因此，依据视力损伤程度对视觉障碍儿童进行划分是非常必要的，不同类型的视觉障碍儿童其心理发展的特点存在差异。

三、视觉障碍儿童的心理特征

视觉上的受损除了给视觉障碍儿童带来心理认知的限制外，其个性心理也会与视觉正常儿童存在一定的差异。

（一）视觉障碍儿童的认知能力特征

能力的差异是由多种因素造成的，如先天遗传因素、后天的教育与训练、个人的努力等。因此，能力的差异不仅表现在视觉正常儿童与视觉障碍儿童之间，视觉障碍儿童之间也会因为各种因素存在差异。

因为智力的基础是人类的大脑发育，而视觉障碍儿童的大脑发育并没有受损。所以视觉障碍儿童的智力在先天上并不比视觉正常儿童差。有很多视觉障碍的儿童表现出智力落后是由于这些视觉障碍儿童在很多心理发展的关键期没有得到及时的教育和训练。例如，有的家庭，特别是一些偏远地区的家庭在发现孩子有视觉障碍时，没有将其及时送到相关学校教育而任其自行发展，由于外界信息量接触过少便导致了智力上的缺陷，这往往是不可弥补的。而只要这些儿童从小接受有针对性的教育，他们的智力会和正常人一样得到完善发展。

另外，视觉障碍儿童的认知能力与视觉正常儿童存在差异。视觉障碍儿童长期锻炼除视觉之外的其他感觉，所以可以表现出较强的听觉分辨能力、嗅觉分辨能力以及触觉能力。他们这些能力的水平甚至超过视觉正常儿童。例如，视觉障碍儿童通过锻炼甚至可以单凭脚步声就判断对方是谁。又如，视觉障碍儿童对钱的面额可以通过触摸来识别，这些能力是视觉正常儿童很难达到的。

（二）视觉障碍儿童的人格特征

人格是复杂的个性心理，主要包括气质和性格。气质是先天的，没有好坏之分，目前还没有科学研究表明视觉障碍儿童的气质与视觉正常儿童存在明显的差异；性格是表现在人对现实的态度和行为方式中的比较稳定且具有核心意义的个性心理特征。性格的形成跟后天的环境有关。视觉障碍儿童与视觉正常儿童的人格之间的差异主要表现在性格差异上。张福娟对视觉障碍儿童的人格进行的研究发现：视觉障碍儿童在一般活动性、生活习惯、独立性、忍耐性、领导性、社会外倾性、情绪安性、自我中心、自我炫耀、固执性、活动过多性、神经质、自卑感、未成熟这十四个维度上的人格品质均差于视觉正常儿童；随着年龄的增长，在教育加强的作用下，各个维度的人格品质得到提升。她还发现视觉障碍儿童比听觉障碍以及智力障碍儿童的人格品质好。这表明视觉障碍儿童的人格品质虽然在整体上落后于视觉正常儿童，但随着年龄的增长和接受的教育程度的加深，视觉障碍儿童的人格品质会不断得到提升。

四、视觉障碍对儿童心理发展的影响

视觉障碍儿童心理发展的特点与视觉正常儿童基本一致，视觉障碍儿童的心理发展规律和视觉正常儿童趋势完全相同，都遵循由简单到复杂，由具体到抽象，由被动到主动，由零乱到成体系的过程；视觉障碍儿童的发展也受到先天因素和生理成熟程度的制约；环境和教育同样也是视觉障碍儿童发展的重要影响因素。

视觉障碍儿童的心理发展虽然具有和视觉正常儿童相同的规律，但是由于接受外界信息的途径不同，视觉障碍儿童心理发展过程具有特殊性。

（一）视觉障碍对儿童心理发展过程的影响

心理过程特别是个体的认知过程和心理发展过程对个体心理的形成和发展的影响至关重要。

视觉障碍意味着个体通过视觉通道感知信息，感知不到或只能感知部分视

觉信息，这导致个体视觉经验的缺失或不完整，不能形成或难以形成完整的视觉表象。尽管听觉、触觉在代偿过程中补偿了部分的视觉缺陷，但其知觉与视觉正常儿童相比，表现出某种不完整性。由于视觉障碍儿童在听时，会被迫感知无关信息，在触摸时又很难分清主体与背景，造成其在知觉选择上相对困难。此外，视觉障碍儿童知觉的恒常性和理解性发展也相对缓慢。例如，视觉正常儿童在玩藏东西游戏时，他们会去寻找，而如果把视觉障碍儿童手中的玩具拿走，他们往往不会去寻找，因为他们认为玩具已经不存在了。视觉障碍儿童很难理解"赏心悦目""太阳系"这些概念，他们在时间、空间、运动等方面的知觉也与视觉正常儿童不同。

受视觉缺陷的影响，视觉障碍对个体注意的影响主要表现在使其听觉、触觉、嗅觉等有意注意有所加强，其无意注意也有所增多；对个体记忆的影响主要表现在使其记忆的表象缺乏视觉表象或完整性，一般以听觉记忆和触觉记忆为主；对个体想象的影响主要表现在使其有较丰富的听觉想象，但使其以视觉表象为材料的想象受到限制，想象资源的贫乏使其想象常常是歪曲的，使其间接知识主要靠再造想象来获得；由于缺少视觉的参与导致感性材料不足，直接影响了视觉障碍儿童思维的发展；同时由于视觉上的损伤，视觉障碍儿童在实践的时间、范围和多样性上都不可避免地受到限制，其在客观行动上也受到不少限制，其活动的内部动力也因视觉障碍而相对减弱。视觉障碍儿童依靠听觉和触觉等感知世界。这样的认知往往不全面、不完整，从而造成视觉障碍儿童形成概念相对困难，对事物的理解也容易出现片面性。

（二）视觉障碍对儿童个性心理发展的影响

儿童个性心理特征是在心理发展过程中形成的，又反过来影响着心理发展过程；同样，儿童的个性倾向性制约着其所有心理活动，心理活动又制约着心理过程。因此，心理过程中各个因素都可能对个性心理发展造成影响，如视觉障碍对个体的影响不仅仅是身体、运动、心理过程和认知发展的影响，同时还直接或间接地影响儿童个性心理特征——人格的形成和发展。

①气质方面。大量研究发现，视觉障碍儿童的气质以黏液质和抑郁质居多，而多血质和胆汁质类型的人数较少。

②能力方面。在质的方面，视觉障碍儿童的能力发展与视觉正常儿童存在一定的差异，其听觉分辨能力、触觉能力比视觉正常儿童强，但应变能力、定向行走能力、操作能力较差。在量的方面，国内外的智商测试结果表明，视觉障碍儿童与视觉正常儿童之间存在一定的差距，其生活、劳动等能力的形成和

发展通常都比视觉正常儿童滞后 1～2 年，生活适应能力较差；但大多数视觉障碍儿童在 16 岁前后都存在一个"快速赶上期"，这使其与视觉正常儿童之间的差距迅速缩小。

③兴趣方面。视觉障碍儿童的兴趣发展受个体心理过程的影响很大，常年以耳代目和以手代目，使得他们对听觉信息和触觉信息更感兴趣。就兴趣品质而言，视觉障碍儿童与视觉正常儿童相比，在兴趣的广度方面，尤其在视觉刺激信息方面显得不够广泛，但在兴趣的稳定性方面比视觉正常儿童稍强。

④性格方面。与视觉正常儿童相比，大多数视觉障碍儿童在性格方面表现出突出的特点。他们中有的在对社会、集体和他人的态度上，表现出自私、漠不关心、缺乏同情心、冷酷、孤僻、不善与人相处的性格倾向；大多数视觉障碍儿童对待学习表现得非常认真、踏实，而对待体力劳动则表现懒惰；在对待自己的态度方面通常表现为异常的自负或自卑，缺乏正确的自我判断；视觉障碍儿童在性格的意志特征方面主要表现为依赖、不果断和坚韧；在性格的情绪特征方面，大多数表现为情绪困扰和不稳定，且更为敏感。

五、视觉障碍儿童的心理健康问题

（一）自我认同危机

自我认同感是心理学家埃里克森人格发展理论中的一个重要概念，是指一种熟悉自身的感觉，一种知道个人未来目标的感觉，一种从他信赖的人们中获得期待、认可的内在自信。自我认同危机是视觉障碍儿童很容易出现的一种心理问题，尤其在后天的视觉障碍儿童和低视力儿童中较常见。先天全盲的视觉障碍儿童因为从小习惯或者对视力不抱希望反而会让他们对盲人的身份认同较好。而后天的视觉障碍儿童因为一时很难接受现实进而很容易产生自我认同危机。低视力儿童因为介于全盲儿童和视觉正常儿童之间，一方面，他们在全盲儿童面前有一种优越感，另一方面，在视觉正常儿童面前又会被当作盲人，这会让他们对自己的身份十分困扰。自我认同的危机对视觉障碍儿童的心理会产生很消极的影响。如自卑、困惑、愤怒等不良情绪都有可能是自我认同危机导致的。家长和教师在遇到这类问题时一定要及时地帮助视觉障碍儿童正确对待失明这个事实，而不能将之当作敏感问题加以回避。

（二）品德问题

视觉障碍儿童容易出现的品德问题有破坏物品、撒谎、攻击性行为等。视觉障碍儿童品德问题的形成很大一部分跟家庭的教育有关。例如，父母如果不关心孩子，或者因为内疚而对孩子不加道德约束，就很容易使视觉障碍儿童出现各种品德问题。视觉障碍儿童还可能因为自己生理上的障碍产生一种消极的情绪，这种情绪很容易诱发他们出现各种品德问题。家长或教师一旦发现视觉障碍儿童身上的品德问题，应该进行及时的干预，以免这种行为演变为反社会行为。

（三）社会交往障碍

一般说来，视觉障碍儿童与视觉正常儿童在心理发展上具有相同的基本规律。但由于生理上的特殊性，视觉障碍儿童与视觉正常儿童仍存在一定的差异，具体表现为以下几点。

①视觉障碍儿童多数时间生活在学校与家庭当中，很少独自外出与陌生人交往。

②视觉障碍儿童交往的对象只限于同学、家人和其他社会中的视觉障碍儿童。

③视觉障碍儿童的交往手段主要是语言，而在使用语言进行交往时，表达能力和艺术性较差；视觉障碍儿童参与社会性活动的积极性不高；等等。

通过总结以上几条可以发现，视觉障碍儿童在社会交往方面主要存在以下问题。

第一，交往圈过于狭窄，缺少与正常人的交往。

第二，交往的内容较贫乏。

第三，交往的手段主要是语言，很难运用非语言信息，如表情动作等。

针对以上问题，教师可以通过以下几个步骤来解决：首先，教师应给予视觉障碍儿童与人交往的信心。教师应采用鼓励的方式让视觉障碍儿童认识到自己也可以与人正常交往，没有必要把自己封闭起来。其次，教师应教给视觉障碍儿童一些与人交往的技巧。与人交往是一门艺术，必要的技巧可以提高自己的魅力，认识更多的朋友。最后，教师应为视觉障碍儿童提供互相交流的机会。教师应多为视觉障碍儿童提供一些共同交流的机会，让视觉障碍儿童在不知不觉中喜欢上与人交往。

六、视觉障碍儿童心理问题产生的原因

视觉障碍儿童产生上述心理问题的原因可能是多样的，也会因个体的差异而不同。

（一）视觉障碍儿童的心理调节过程的影响

我国学者李季平认为，视觉障碍儿童对自己失明的心理适应过程与普通人在生活中遭受重大挫折或创伤后的适应过程基本相同。适应过程的前一个阶段与后一个阶段之间不是相互独立的，而是交错重叠的。在适应过程中，先天性盲童和后天失明的儿童在某个适应阶段的表现不一定相同，但他们的适应过程仍然遵循相同的次序。

一般来说，儿童视觉失明以后，其心理调节过程包括以下几个阶段。

1. 精神创伤期

对于先天性的视觉障碍儿童来讲，在精神创伤期，他对自己失明开始有意识，意识到自己与其他儿童不同；对于后天失明的儿童来讲，精神创伤期开始于失明的那一刻。视觉障碍儿童在创伤期的表现是心理开始失去平衡、不和谐，有较严重的受伤感，往往会焦虑和沮丧。

2. 震惊及否认期

视觉障碍儿童在这个时期通常的表现是往往有不切实际的幻想，会产生孤独感和不信任感。

3. 悲伤及退缩期

当震惊期开始消失时，视觉障碍儿童开始有一种失落感，进入悲伤及退缩期。视觉障碍儿童在这个阶段的表现就是感到悲伤及自怜，通常还伴有退缩和孤立。陷入自怜的视觉障碍儿童拒绝所有人的帮助，开始出现敌意及愤怒情绪，而且这种敌意和愤怒情绪是针对任何想帮助他的人，并陷入沉重的心理苦恼之中不能自拔。

4. 屈服及沮丧期

在经历悲伤及退缩期后，视觉障碍儿童开始陷入沉思中，思考着一个又一个问题，进入屈服期及沮丧期。在这个阶段，他们开始怀疑自己的能力或产生不切实际的幻想。由于对自己能力的消极理解，他们产生了严重的悲观情绪，缺乏面对现实的勇气，在心理上蒙上了沉重的压抑感。

5. 重新认识期（或称重新肯定期）

在这个时期，视觉障碍儿童开始重新评估自己生活的意义、生命的价值及生活的目标，寻求生命的意义，标志着心理康复的开始。

6. 适应期（或称对应期）

在这个阶段，视觉障碍儿童开始寻求各种途径和方法，以适应自己的生活环境，这些途径和方法既包括自己内在的潜能，又包括外在的帮助。

7. 自我接纳和自尊期

不是每个视觉障碍儿童都能达到这个阶段。许多视觉障碍儿童经过长期心理痛苦的折磨，只能持续地停留在适应期阶段。经过前几个阶段的视觉障碍儿童随着自信心和能力的恢复，开始重新获得做人的尊严，接受了自己视力障碍的现实，不再感到心烦意乱，能与自己和平相处，而且喜欢自己，这种自我接纳同时使视觉障碍儿童更开放地接纳他人，也容许自己为他人所接纳，这表明其已开始具备良好的社会适应能力。

当视觉障碍儿童处于心理调节过程的前 4 个阶段时，他们的自我概念较弱；而当处在第 5～7 阶段时，他们的自我概念就会比较强。这种强弱变化随时间和空间而变化。而且视觉障碍儿童的心理调节过程始终在这 7 个阶段中循环和跳跃，不是按顺序只向前发展，而是会出现后退和跳跃。视觉障碍儿童对失明的心理调节过程是一个动态的过程，因此，许多心理问题也会反复出现。

（二）早期家庭生活环境的影响

无论是对于先天性视觉障碍儿童还是后天性视觉障碍儿童，失明后早期的生活环境对他们的心理会产生重大影响，尤其是父母和其他家庭成员的态度的影响更甚。

由于我国没有充分开展对视觉障碍的早期干预，很多视觉障碍儿童的家长不知道如何及时采取措施以补偿儿童的视觉缺陷。一旦发现自己的孩子有视力障碍，家长们考虑最多的是如何治疗，而忽视了在治疗的同时，还应对孩子采取必要的视觉缺陷补偿措施，如教孩子如何利用触觉，给孩子尽量多的感官刺激，等等。视觉障碍儿童在无法得到外界足够的刺激时，就极有可能利用自己的身体来寻求刺激，从而慢慢形成了"盲态"。这种行为一旦成为习惯，将会影响个体去积极探索外界，害怕并拒绝接受新事物。特别是年龄小的视觉障碍儿童常因看不到父母的微笑而不能回报微笑，缺乏身心发展过程中十分重要的情感刺激。同时，不良的亲子关系造成了视觉障碍儿童性格上许多负面的情绪特征，例如，有的父母因为孩子失明而过分溺爱，这会造成视觉障碍儿童的依赖性特别强，容易使其形成自卑、自私等不良品质，最终使其在情绪情感发展方面出现异常，在接触同伴、接触社会等方面产生适应性障碍。

（三）社会环境的影响

当今社会是视觉正常人的社会，人们是按照视觉正常人的视觉标准来构建社会环境的，如公共设施、交通道路等。传统社会对视觉障碍儿童的种种偏见也会影响视觉障碍儿童健康人格的形成，从而导致产生其心理问题。

（四）学校心理健康教育的缺失

虽然最新颁布的《盲校义务教育课程设置方案》将心理健康教育的内容融合在公民课和康复课中，但是我国对视觉障碍儿童的心理健康教育还处在起步阶段，盲校心理健康教育还面临着种种亟待解决的问题。雷江华等人将盲校心理健康教育现状归纳为以下几点。

1. 专职心理健康教育教师缺乏

因教师编制受限，很多盲校的心理健康教育不得不由生活老师、班主任、校医、政治教师、体育教师或各科任教师兼任。

2. 残疾儿童心理健康教育教材缺乏

目前开展了心理健康教育的盲校多采用普通学校的心理健康教育教材。这些教材主要是针对视觉正常儿童设计的，其中有关残疾儿童（包括盲童）的特殊性的内容涉及不多，很多内容需要重新组织，增加了教学难度。

3. 盲生心理健康调查量表匮乏

因国内外尚无盲人专用的心理测试量表，心理健康教育教师发现，针对盲生的心理问题需要更多依靠个人的经验或正常儿童的心理健康测试量表来评估。

4. 心理健康教育档案内容不充分

心理健康档案所记载的内容不仅不全面，而且有些并不是心理健康问题。

5. 心理健康教育课程设置不完善

目前，我国的盲校中普遍存在没有单独开设心理健康课程、课时不足等情况。心理健康教育的教学质量难以保证。

6. 心理健康教育课堂教学不够规范

由于师资不足，有些盲校将心理健康教育课混淆为思想品德课、活动课或心理测验课，有些盲校还将心理健康教育等同于心理测验，忽略了贴近盲生生活、解决盲生心理问题的心理健康教育与心理辅导工作。

第二节　视觉障碍儿童心理健康的影响因素

一、社会环境因素

影响视觉障碍儿童心理健康状况的因素有很多，归纳起来有以下几个。

（一）融入人际环境的困难

视觉障碍儿童与普通儿童相比，在适应周围的环境上会遇到较大的困难，其中有些困难是普通人难以想象的。例如，普通人在交流过程中运用言语和非言语视觉方式进行交流，通过目光示意，用面部表情表示自己的态度或回应等，他们在做事时能从他人的面部表情、动作暗示中知道自己怎样做是对的，可得到鼓励，怎样做是错的，会被指责，从而调节自己的行为。而视觉障碍儿童难以辨认或获得这些非言语信息的提示，也难以用正确的表情和身体姿态来表达内心的感受。这就给视觉障碍儿童和普通人交流带来很大的障碍。

一些喜欢恶作剧的儿童看到视觉障碍儿童还会故意大声嘲笑他们，甚至设置障碍捉弄他们。类似这样的经历很极大地损伤了视觉障碍儿童的自尊心，从而导致一些视觉障碍儿童不愿和普通儿童一起玩耍，甚至对他人怀有疑惧心理。

（二）适应物理环境的困难

在适应生活中的各种环境中，视觉障碍儿童常常会体验到无能为力的感受，久而久之便会产生自卑等消极情感。例如，在过马路时，视觉障碍儿童难以从红绿灯的变化中获得相应的通行信息，而目前一些大城市的十字路口配合红绿灯使用音箱，用音箱中发出的长短音提示有视觉障碍的人信号灯的变化，这一举措表现了社会对特殊人群的关注。但在现实应用中，由于表示不同行走方向信号的音箱都被装在一根柱子上，在嘈杂的马路上辨认音箱中的声音信号和行走方位的关系难度较大。

大部分视觉障碍儿童的成长环境局限于盲校、家庭这些狭小的地方，缺乏与外界的交往，这不利于其个性的健全发展。视觉障碍儿童学习、生活环境较封闭，以及学习内容脱离实际的问题都会导致他们的闭锁心理。目前国内盲校的教材还停留在照搬普通学校教材的基础上，教学内容明显脱离盲生实际，这对正确引导和教育视觉障碍儿童带来极大困难，不利于视觉障碍儿童的身心发展。

二、家庭环境因素

（一）家长的态度

父母和家庭成员对视觉障碍儿童的态度直接影响亲子关系，影响到视觉障碍儿童个性的发展。绝大多数视觉障碍儿童入学前都生活在家里，因此，家庭环境对他们的影响更为重要。

按家长对待视觉障碍儿童的态度，可以将家长分为以下四类，对儿童的成长具有不同的影响。

第一类，接受现实型。这类家长能够正确对待儿童，教给儿童能努力克服困难的咨询方法，鼓励他们进行自己感兴趣的活动，培养他们对事物的兴趣和独立自主的能力，力求证实自己的孩子和普通儿童一样，对孩子寄于过高希望、提出过高要求，给孩子带来较大的精神压力。由于常常无法达到家长的期望，视觉障碍儿童会有很强的挫败感。

第二类，过度保护型。这类家长对孩子出于怜悯而进行过分保护，包办孩子的一切事务，导致视觉障碍儿童身心发展迟缓。

第三类，内心厌弃型。这类家长声称会对孩子负责，实际是掩饰自身内心对他们的厌弃，这样的父母会常说："只要他活一天，我就养他一天。"他们过分地强调视觉障碍的消极影响，认为视觉障碍儿童只能靠人养活而没有独立能力，甚至希望孩子能死在父母之前，这种态度会使孩子产生消极依赖的思想，从而认为自己是家庭的包袱，永远无法改变自身的命运。

第四类，公开厌弃型。这类家长公开地对视觉障碍儿童表示厌弃，儿童在家庭中得不到温暖和安全感，就更谈不上身心正常发展了。

20世纪90年代中期的一项相关研究表明，视觉障碍儿童心理健康问题与家长态度类型的关系：在厌弃型及过度保护型家庭中成长的视觉障碍儿童所出现的心理健康问题远较其他类型多，检出率最低的类型为接受现实型。这说明家长态度对视觉障碍儿童心理健康影响明显。接受现实型家庭有利于培养视觉障碍儿童自强自尊的性格和适应社会的能力，各种心理问题出现较少。回避现实型家庭则易使视觉障碍儿童向两个极端发展，一是使视觉障碍儿童过于自信，攻击性强，好冲动；二是视觉障碍儿童面对父母过高的期盼而加重了心理负担，变得自暴自弃、孤独无望等。过度保护型家庭则易导致视觉障碍儿童在体格、精神、情感、社会能力上发育迟缓，加剧了各种心理障碍。厌弃型家庭则会给本来就潜藏不健康因素的弱小心灵雪上加霜，使视觉障碍儿童更加焦虑、自卑、冲动、退缩等。有的学者曾用"假性发育迟滞"一词来说明由于家长及周围人的失望以及对视觉障碍儿童的成见，造成的视觉障碍儿童精神发育迟滞。家长过分保护或遗弃自己的孩子的做法使视觉障碍儿童发育迟滞，产生一系列情绪问题，这反过来又增加了家长的压力。

（二）家庭教养方式

相关研究表明，视觉障碍儿童的家长在"过分干涉与保护""惩罚严厉"上显著多于正常儿童的父母。视觉障碍儿童的家长之所以过度保护孩子可能是由于不敢让孩子像正常儿童那样行动，担心其受人欺负，也不愿他们与社会上的人有过多交往有关。视觉障碍儿童的家长对视觉障碍儿童付出较多，无论是经济还是精神上的负担都较重。当视觉障碍儿童犯错误时，家长的失望感会比正常儿童父母强，因此会严厉惩罚视觉障碍儿童，有的家长也存在厌恶、嫌弃心理，当孩子犯错误时，便会更严厉地惩罚他。

第三节　视觉障碍儿童心理健康教育

一、视觉障碍儿童的心理健康教育对家庭的要求

（一）以正确的态度面对现实

家长应该理智地面对孩子失明的现实，不怨天尤人，不绝望悲观；应明白教养视觉障碍儿童的艰辛程度将远大于正常儿童的父母，要有充分的思想准备；做到不怕麻烦，不惜时间，树立信心，坚持用科学的养护方法教育儿童。

（二）建立正常的和谐的亲子关系

家长应对视觉障碍儿童施以爱心与耐心，既不歧视也不溺爱，让他们在家庭中享有正常的权利与地位，使其感受到家长的慈爱及家庭的温暖，在愉快的气氛中发育成长。

（三）培养儿童健康的个性品质

家长对于视觉障碍儿童的爱好、特长，不要滥用家长的权威横加干涉；要耐心引导，循循善诱；家长应培养他们对人热情不拘谨、对事认真不马虎、对物爱惜不自私、遇到挫折不气馁、遇到胜利不骄傲、面对逆境不悲观、面对险境不怯懦等优良的品质。

（四）注重儿童生活自理能力的培养

在日常生活中，家长要鼓励视觉障碍儿童自己的事情自己做，千万不要因为他们动作缓慢或经常出错，就越俎代庖给其喂饭、穿衣、盥洗，剥夺了他们宝贵的学习、训练和实践的机会。

（五）鼓励儿童参与社会活动

家长应放心地将视觉障碍儿童放到现实的社会生活之中，使其与亲友邻里接触，培养其参与意识，发展其能力。例如，家长应常带他们去亲友家做客、去商场购买东西，去公园游玩等，让他们了解社会风情、享受生活乐趣。

（六）鼓励儿童接触大自然

在休闲时间，家长应经常带领视觉障碍儿童去野外听听鸟语、虫鸣、流水声，摸摸山石、沙土，走走坎坷不平的羊肠小路，闻闻花草树木的芳香，有意识地让他们在大自然中经历风雨，开阔其视野，增长其知识，使其接受大自然的陶冶。

（七）对儿童的进步要给予鼓励

家长应体谅视觉障碍儿童，对他们不可希望太高、苛求太多。他们需要指教与鼓励而不是过多的责备与批评。家长应该看到他们取得的成绩和进步。多鼓励、少批评有利于儿童树立自信心。

二、视觉障碍儿童的心理健康教育对学校的要求

（一）因材施教

由于病因和残疾程度不同，视觉障碍儿童的个体差异比普通儿童更为突出，因而盲校在对视觉障碍儿童实施教育时，在教学要求、教学内容、教学进度和教学方法等方面都要因人而异，以满足各个学生独特的学习需要。

在视觉障碍儿童中，有低视力儿童，也有全盲儿童。在低视力儿童中，有很大一部分可以借助一些设备利用视力进行学习；在被定为二级盲的学生中，也有一部分可以学习放大了的大字课本。因此盲校应该通过远、近视力的测查，根据学生的视觉功能，充分其发挥残余视力的作用，实施好分类教学。另外，盲校还根据视觉障碍儿童的特殊需要可采取个别化教学的方式。

个别化教学不一定是一对一的个别教学，它可以是个别的、小组的或个别与小组相综合教学，有时也可以个别，小组、集体相结合教学。它既可以适应视觉障碍儿童的个体差异，又可以通过学生间的相互作用促进群体的发展。

（二）感知与语言指导相结合

通过触摸，视觉障碍儿童虽然也能了解到物体的性质和状态，但由于触觉的局限性，视觉障碍儿童在观察较大的物体时，只能一步一步地去触摸。所以全盲儿童对物体不易形成完整的认识。因此，在视觉障碍儿童直接感知某一物体时，教师需提供有条理的说明，使其将所获得的零散的经验组合成完整的经验。

（三）多为儿童提供参与实践活动的机会

视觉障碍儿童的学习活动除了可以在课堂上进行，还应该在社会活动和大自然环境中进行。盲校要培养儿童的参与意识，让他们在活动中认识环境，以使其获得对事物的较完整的活动认识。盲校应为儿童提供参加社会活动、与普通人交往的机会，使其在实践中提高适应社会的能力。

三、不同类型视觉障碍儿童的心理健康教育

（一）情绪不稳定型特殊儿童的教育

1. 视觉障碍儿童的情绪不稳定问题

视觉障碍儿童容易激动和烦躁，情绪变化较快，经常感到紧张，对他人不信任。一方面，这些不稳定情绪可能是由视觉障碍引起的，视觉损伤使他们的视觉功能受到影响，"以耳代目"为主的感知途径，使他们所获取的外界环境信息不完整，容易使其产生对外界的误解，从而导致其产生激动或烦躁的情绪。另一方面，普通人的不当行为也可能是视觉障碍儿童情绪不稳定的诱因，如突然中止交谈、突然离开等行为会让视觉障碍儿童不知所措。此外，社会环境中的障碍，如视觉障碍儿童在行动过程中遭遇的困难，也会使视觉障碍儿童产生紧张、烦躁、多疑、不信任等情绪。

2. 针对情绪不稳定问题的教育方法

针对视觉障碍儿童的情绪不稳定问题，一般来说可通过两种途径来帮助解决。

一是在学校中开设相关课程，如开设初步认识视觉障碍、健康教育课等；在语文、思想品德和其他学科的教学中，介绍成功的视觉障碍者的奋斗经历，借助榜样的力量，帮助视觉障碍儿童树立信念；通过心理健康教育课程和各科教学，使视觉障碍儿童对视觉障碍有科学的认识，消除其不稳定情绪。

二是对于情绪问题较为严重的视觉障碍儿童，除了对其进行普通的教育以

外，还需要对其进行心理咨询和辅导。另外，教师应根据造成视觉障碍儿童情绪不稳定的具体原因采取有针对性的措施。

①睡眠没有规律或长期极端偏食，会造成生活失衡，营养不均衡，这也容易造成情绪不稳定。视觉障碍儿童往往因为对光线变化不敏感，导致睡眠没有规律；同时也会因为看不见食物而不敢尝试没有吃过的食物，极端偏食的现象在视觉障碍儿童中比较多见。对于这些原因造成的情绪问题，教师需要通过一些强制方法进行矫正，同时也可以通过培养其良好生活习惯、提高其生活能力、改善烹调等方法来解决问题。

②有些视觉障碍儿童触觉、听觉、嗅觉等感觉特别灵敏，一般儿童并无特别反应的刺激也可能会使他们感到焦躁或不快。例如，个别视觉障碍儿童对鱼腥味特别敏感，一闻到鱼的味道就尖叫，严重时还会哭泣。一般情况下，视觉障碍儿童不喜欢他人触摸自己的后背和头，一旦被触摸就会有情绪焦躁的反应。

对视觉障碍某种刺激过度的反应，教师可以在日常生活和学习中加强对他们的训练，将他们不喜欢的刺激加进他们喜欢的游戏中，或者反复给予刺激，直到他们慢慢习惯，当然，在重复刺激时，要事先征得视觉障碍儿童同意，让视觉障碍儿童了解周围的环境是非常重要的。

③在视觉障碍儿童的情绪问题中，有很大一部分是因为视力障碍引起的。儿童失明后，看不到周围的环境，也看不到周围可能潜在的危险，无法了解自己的处境和预测将要发生的事情，可能会陷入不安的情绪中。例如，在帮助视觉障碍儿童过马路时拉起他就跑时，视觉障碍儿童不知道路况和行走方向，就会产生紧张的情绪。

因此，教师一方面要提高视觉障碍儿童的定向行走能力，丰富视觉障碍儿童的生活经验；另一方面，在和视觉障碍儿童交往时，要尽量用语言说明活动的下一步以及应该做出的反应。

④受家庭过分保护的视觉障碍儿童在人际交往中，往往会喋喋不休地抱怨他人，对自己的情绪毫不控制，敌对情绪较严重。这些视觉障碍儿童的社会性也不成熟，稍有不如意，就生气、闹别扭等。对他们进行心理健康教育时，教师首先要从帮助他们正确认识自己和他人入手，引导他们发现别人的优点和长处，正确看待自己的长处和不足；同时也要帮助家长改变过于溺爱、过分保护的教养方式；更重要的是训练视觉障碍儿童人际交往和沟通的技能技巧，鼓励视觉障碍儿童多与他人交流，使其多参加集体活动，在集体活动中承担各种重要的和不重要的角色，以及为他人提供一些力所能及的服务。

⑤因为视觉缺陷或精细运动能力较差，一些视觉障碍儿童因为词不达意，

导致表达困难，让人难以理解，从而在学业上会出现不良状况，常会产生焦躁不安的情绪。因此，教师应准确把握视觉障碍儿童的实际需要，合理安排学习内容，灵活使用教学方法，激发视觉障碍儿童学习的积极性和主动性，使他们在学业上获得成就感，培养其自尊心和自强意识，从而使其克服因学业不良而带来的挫折和不满情绪。

⑥社会性不成熟的视觉障碍儿童，在遇到稍不如意的事情时，立刻就会心神不宁、闹别扭和生气等；在与人交往的过程中，也会表现出许多问题。即使在一对一的人际交往过程中情绪表现得比较稳定的视觉障碍儿童，一旦处于团体中，也会显得无法适应。对于这种情况，教师最好先让视觉障碍儿童在人数较少的团体活动中慢慢练习如何遵循交往规则。

⑦在人际交往中，视觉障碍儿童如果能正确地表达自己的感情或想法并为对方所了解，他便能以稳定的情绪、平静的心情和周围的人相处。但是，当视觉障碍儿童词汇很少，无法准确地表达自己的心情时，就会感到焦躁不安，直接表现出情绪化的反应。为了从视觉障碍儿童的只言片语中了解其背后隐含的意义，教师必须细心地观察视觉障碍儿童的活动或身心的状态，除了语言之外，还要指导学生用表情、身体动作等进行表达。

（二）学习不专心型特殊儿童教育

教师应根据导致视觉障碍儿童学习不专心的几种原因，分别采取不同的处理方式。

①有些视觉障碍儿童本身存在注意力方面的缺陷，对外部环境刺激的接受方式存在一定的问题，易被环境中其他的刺激所吸引，非常容易分心。特别是在要求他们以有组织的意义取舍选择外界刺激的时候，他们的能力很差，常常被多余的刺激所左右。

对这部分视觉障碍儿童，教师可以采用的有效措施有感觉统合训练、注意力训练和心理咨询等。此外，最直接的方法就是使用药物。一般认为，服用中枢神经刺激药物有一定效果，但要注意药物所引起的失眠或食欲减退等副作用。

②视觉障碍儿童由于受视觉缺陷的影响，比较容易受外部环境刺激的干扰。对于这种情况，教师应尽量减少学习环境中多余的视觉和听觉刺激；进行教育教学时的指示语要简单明了，易被领会理解；对视觉障碍儿童的反应要做出及时明确的反馈。

③一般情况下，视觉障碍儿童的独立行走能力较差，这容易导致生性不好动、懒散、缺乏学习动机和热情，碰到困难就失去信心，认为自己不如他人，

缺乏战胜困难的决心。此时，教师和家长就要为视觉障碍儿童提供生活和学习中的榜样，并在学习上尽可能给予他们帮助，降低学习难度，为其提供学习成功的方法。

④不良的家庭环境也会对视觉障碍儿童的学习造成负面影响。父母是儿童成长的启蒙教师，父母不和或离异极易造成儿童的心灵创伤，从而影响其学习。同样，父母对孩子的溺爱、严厉和苛刻，也会对孩子的学习产生负面影响。在这些情况下，教师和家长应积极进行沟通，通过学校和家庭的共同努力，从根本上改变儿童的学习态度，提高其对学业的关注程度。

⑤有的视觉障碍儿童不能专注于自己的学业，学习目标不明确，不知道为什么要学习，也不知道要学成什么样。针对这样的视觉障碍儿童，教师要帮助其确立明确的学习目标，使其了解学习目标或降低目标的达成度，使儿童能体验到成就感，同时对儿童取得的点滴成绩给予充分的赞许。

⑥有的视觉障碍儿童表面上不专注，只是为了吸引教师对其行为的注意。在这种情况下，教师要在教学情境之外与儿童保持一定接触，满足其人际交往方面的需求；但在教学情境中，对视觉障碍儿童有意吸引自己注意的行为，则不要给予回应。

（三）暴力行为问题型特殊儿童的教育

1.视觉障碍儿童的暴力行为

暴力行为通常是指打人、踢人、掐人、推人、拉扯他人头发等不良行为。这些行为在儿童小的时候，很少被当作问题看待，但是随着他们身体发育、力量增强，家长和教师有时很难妥善处理这类问题行为。视觉障碍儿童的这些行为具有一定的危险性，一般说来，这些行为往往具有突发性的特点。家长和教师如果不采取有效的应对措施，就有可能发生一些严重的伤害性事故，有时只能采用隔离的方式，致使视觉障碍儿童参加的社会活动范围和内容受到限制。针对这类视觉障碍儿童，教师需要做更细致的工作。

视觉障碍儿童在家庭和社会环境中长期处于被过度保护的状态，心理上有自我中心的倾向和特殊的需要。他们做出暴力行为的理由，不外乎以下几点。

①想得到某件东西或从事某种活动。

②看到对方为难的样子很有趣，想引起周围的人的注意。

③不知该做什么好，始终处于焦虑状态。

④不喜欢现在做的事情，想逃避。

2. 针对暴力行为问题的教育方式

视觉障碍儿童的暴力行为处理及辅导方法应随引起该行为的原因不同而有所不同。特别要注意的是，错误的处理方法反而会强化视觉障碍儿童的暴力行为。

如果视觉障碍儿童做出暴力行为是因为想得到某件东西或从事喜欢的活动，教师和家长首先要告知他不能用暴力方法来达到目的，其次一定要教他以适当的方法表达自己的需求；如果视觉障碍儿童想以暴力行为引起他人注意，最好的方法是尽量忽视他的暴力行为，但有危险时应立即制止，因此除了尽量不予理睬外，教师和家长还要教会他正确的沟通方法；如果是因为视觉障碍儿童感到无所适从或者为避免做作业而使用暴力，这时教师和家长不能简单地把他带到安静的地方，这样反而可能强化其逃避行为，而应指导他如何把困难告诉周围的人以及如何求助，另外也要考虑造成这种不良行为的原因，以及是否有必要降低作业的难度，以使儿童乐于完成学习任务。

总之，当视觉障碍儿童做出粗暴行为时，教师和家长不能只简单地横加斥责或将其隔离，重要的是要把他们的粗暴行为视为一种重要的信息，教会他们采用有效的沟通技巧替代暴力行为。

（四）畏缩、害羞问题型特殊儿童教育

1. 视觉障碍儿童的畏缩、害羞行为

有些视觉障碍儿童无法与他人相处而畏缩离群，而畏缩、害羞对视觉障碍儿童产生的影响常常被家长和教师所忽视。事实上，视觉障碍儿童的畏缩离群行为将会影响其生活适应能力的发展。造成视觉障碍儿童畏缩、害羞的心理问题的原因主要有以下三个。

原因一：在和其他儿童一起做游戏的时候，由于存在视觉缺陷，视觉障碍儿童往往跟不上速度，感到不顺利，宁愿选择自己独自玩耍。同时，由于视觉障碍儿童独自玩耍时感到轻松愉快，孤立的行为就会被强化，如此循环，他就失去了学习必要的人际关系技巧的机会。

原因二：虽然视觉障碍儿童有心要跟其他儿童交往，但一旦加入同龄儿童的交友场面就不知所措，最后对于同龄人的交友场面逐渐感到厌恶。

原因三：社会上一些人对视觉障碍者的不公正态度和偏见，也会导致一些视觉障碍儿童在遇到问题和困难时畏缩回避，缺乏竞争性，不愿与明眼人交往，始终处在郁郁寡欢、焦虑紧张的状态中，沉溺于自怜的幻想之中。

2.针对畏缩、害羞问题的教育方式

视觉障碍儿童的畏缩行为通常表现为回避其他的同龄人，而一般不太回避成人。因此，教育的目标在于增进其与同龄伙伴之间的朋友关系。畏缩行为的产生，一方面可归因于同伴是否愿意接纳他；另一方面，也可归因于与同伴之间的互动关系较差。因此，在辅导视觉障碍儿童时，如何提高视觉障碍儿童的交友技能非常重要，教师应教会他们适当的社会性技巧。

（1）社会性技能训练目标

①当视觉障碍儿童处于团体交流场合时，能运用微笑、点头、模仿、赞赏语言等社会性增强要素；在跟同伴相处时，懂得用模仿、微笑、点头、夸奖他人等方式来建立朋友关系。

②有能力被社会所接纳，且有自身价值，在人际交往中，使交往双方都能获益。

③在人际交往中具有能够影响他人反应的语言性技能技巧。

（2）正强化法

家长和教师通常会过多注意或谈论视觉障碍儿童的畏缩行为，这样做的结果会强化视觉障碍儿童不适当的行为。正确的做法是，对于视觉障碍儿童所表现出的人们所期望的良好行为及时加以赞赏，而对于其不适当的行为则应予以忽视。当视觉障碍儿童表现出良好行为时，若能得到他人适当的强化反应，就会引发人们所期望的良好行为的增加。对视觉障碍儿童可以产生强化作用的强化物包括社会性强化物（如夸奖、微笑、点头等），身体接触（如抚摩、握手等），食物，物品（如贴纸、玩具等），代币，团体或同伴的肯定，室内外运动或活动，等等，常用的正强化法主要有以下几种。

①关注。家长和教师的关注可以增加视觉障碍儿童适当的社会性行为。例如，当畏缩、害羞的视觉障碍儿童与其他儿童交往互动时，教师和家长应马上予以关注；而当他独自游戏时，便不理会，不关注。

②塑造法。塑造的目的是促使视觉障碍儿童与同伴一起玩。教师要用具体的语言或身体动作帮助他，使他达成与同伴一起玩的目的。塑造法对于提高视觉障碍儿童适当的社会性行为，颇具效果。

③同伴媒介法。将具有良好的社会性技能的学生与畏缩、害羞的视觉障碍儿童安排在一起活动，可以带动后者的社会性行为。教师必须精心设计活动内容，指导社会性交往能力强的学生更好地与畏缩、害羞的学生相处。

④系统脱敏法。系统脱敏法是分段呈现出视觉障碍儿童的不安感较低的场面和较高的场面分阶段，首先设法使视觉障碍儿童克服最低阶段的最小的不安，

再使其将该阶段的不安消除掉，循序渐进，慢慢使视觉障碍儿童克服较大的不安和紧张，以扩大视觉障碍儿童参与社会活动的范围。

（五）逆反心理型特殊儿童的教育

1. 视觉障碍儿童的逆反心理

有逆反心理的视觉障碍儿童常常不听从教师和家长的善意劝告，而故意做出一些相反的行为。例如，有些视觉障碍儿童突然暴跳如雷，说出一些不负责任的气话，故意让人讨厌和生气。出现这种状况并非视觉障碍儿童、家长或教师任何一方的问题，而是教师、家长与视觉障碍儿童之间的相互关系出现了问题。

2. 针对逆反心理的教育方式

针对视觉障碍儿童的逆反心理，教师和家长首先应仔细分析视觉障碍儿童存在逆反心理的原因。在某个年龄段，视觉障碍儿童会以反抗的方式来吸引成人之间的关注，他们正是以这种方式来保持与成人之间的关系的。有的视觉障碍儿童也利用反抗使教师和家长改变自己的吩咐或期望。简单地说，他们的反抗行为实际上就是一种逃避承认自己不合理要求，希望用反抗的手段来达到自己的目的的行为。有时，他们近乎无理取闹的反抗行为会使成人在不知不觉中大发脾气。了解视觉障碍儿童出现这种行为的原因后，教师和家长不能片面地认为他们顽劣而横加指责或急躁慌乱；相反，如果改变对待他们的方式，视觉障碍儿童的行为也会随之改变。

第五章　听觉障碍儿童心理健康

听觉障碍儿童由于听觉方面的障碍，在日常生活中存在着很大的困扰。一方面，由于自身的缺陷，他们会产生自卑感；另一方面，听力上的障碍使其参与日常的语言交流极为困难，甚至会招致歧视。这些都深深地影响着听觉障碍儿童的心理健康。因此，为了保证听觉障碍儿童的身心健康，必须要充分了解听觉障碍儿童的心理特征与心理问题。

第一节　听觉障碍儿童的心理特征及问题

一、什么是听觉障碍

听觉是通过大脑皮层对声音分析后所获得的感受。听觉系统是由具有传导声音作用的传音器官和具有感受声音作用的感音器官共同构成的，这个系统中的任何部位发生结构或功能障碍时均可导致不同程度的听觉障碍。

对听觉障碍进行确切界定较为困难，故而出现了听觉障碍、听力损失、听力残疾、耳聋、重听等术语。在1987年全国残疾人抽样调查使用听力残疾这一术语以后，我国现有法律、法规中更多采用听力残疾这一名称。

耳聋人过去常被称为聋哑人，聋与哑是既有联系但又有区别的，其中聋是听觉系统出现问题的一种表现，哑是语言系统出现问题的一种表现。很多出生前、学语前的全聋儿童和刚学会说话的幼儿因为听觉障碍，完全不能或基本不能感受到外界的语言刺激与其他声音刺激，从而造成了口头言语表达能力的丧失，临床上表现为既聋又哑，但这类儿童在言语器官方面一般不会有问题。可见，聋是因，是第一性（原发性）的缺陷；哑是果，是第二性（继发性）的缺陷。事实上，随着科学技术、医疗与特殊教育的发展，聋未必哑，所以，人们现在称听觉系统有问题但语言系统没有问题的人为耳聋人而不再称其为聋哑人。

二、听觉障碍的分类与分级

根据不同的实践需要和不同的标准，可以将听觉障碍做不同的分类与分级

（一）按听力损失的程度划分

我国第一次全国残疾人抽样调查标准中对听觉障碍的分级标准与当时的世界卫生组织（WHO）、国际标准化组织（ISO）的标准基本一致，当时在鉴定听力损失程度时，常以言语频率听阈的均值作为分级标准；而世界卫生组织在20世纪80年代公布的听力损失程度的分级标准是根据500赫兹、1000赫兹、2000赫兹及4000赫兹气导平均阈值来计算的，二者均以双耳听力损失较轻的一侧为准。

我国第二次全国残疾人抽样调查标准与目前世界卫生组织推荐的听力残疾标准中的听力测试频率、听力残疾分类标准（四级）一致。

（二）按听觉障碍的性质划分

以听觉障碍的性质为划分依据，听觉障碍可分为器质性聋和功能性聋两类。前者指由听觉系统的组织结构异常导致的耳聋，后者指由听觉系统的功能下降导致的耳聋。

（三）按听觉障碍发生的部位划分

以听觉障碍发生的部位为划分依据，听觉障碍一般可分为传导性聋、感音神经性聋和混合性聋三大类。感音神经性聋患者大多不能通过临床方法而得以治愈，必须借助助听器、人工耳蜗等补偿或重建听力。

（四）按听觉障碍发生的时间划分

按照听觉障碍发生的时间，可以将听觉障碍分为先天性聋和后天性聋。

先天性聋指在出生时就患有的听力损失疾病，可发生在产前期、产期以及围产期。

后天性聋指出生以后患有的听力损失疾病。

教育界认为，听觉障碍是先天的还是后天的都不太重要，关键是看听觉障碍是发生在语言发展之前还是之后。教育界通常按照儿童语言发展的关键期来划分，我国学者将听觉障碍分为学语前（4岁前）耳聋和学语后（4岁后）耳聋；而国外学者通常认为如果听力损失发生在2岁以前就为语言发展前听力损失。

三、听觉障碍儿童的心理特征

我国第一次全国残疾人抽样调查结果显示，0～18岁儿童中，听觉障碍儿童占4‰，即我国每千名0～18岁儿童中大约有4名儿童存在听力问题。面对如此众多的听觉障碍儿童，帮助他们健康成长具有重要意义。这里所指的健康成长不仅是身体上、生理上的健康成长，也包括心理上的健康成长。

近年来，在听障教育领域，相关的研究也不断增多，目前主要集中在探讨听觉障碍儿童与普通儿童在心理健康方面的差异及听觉障碍儿童的人格特征、社会适应性等方面。从已有的研究结果看，虽然听觉障碍儿童在个性方面不具备独有的特征，即不存在所谓的"听觉障碍儿童个性特征"，但在许多方面确实与普通儿童之间存在显著差异。有关研究表明，听觉障碍儿童的心理健康水平明显低于普通儿童，主要表现在以下几个方面。

（一）听觉障碍儿童的认知特征

1. 敏感多疑而固执

由于听觉障碍儿童抽象思维发展滞后，社会经验缺乏，导致其思考问题的方式与正常儿童有所不同，常从自己的角度思考问题，容易出现认知偏差。普通人对聋人存在偏见和误解，导致听觉障碍儿童的防御心理较强，从而易猜忌，逐渐形成敏感的性格。这种对他人的敌意和不信任感给听觉障碍儿童的人际关系带来了负面的影响，进而使他们在与人交往时容易产生焦虑心理。

听觉障碍儿童一旦形成某种观念和态度，就会十分固执、刻板，与普通儿童相比，比较难以改变。因此，在变化迅速的社会环境中，听觉障碍儿童容易出现社会适应困难。

2. 不恰当的自尊与自卑心理

听觉障碍儿童与普通儿童相比，在日常的生活和学习中会因缺乏解决困难的途径而产生自卑心理。有研究表明，46%的听觉障碍儿童把自己的成功归因于命运和机遇，只有33%的听觉障碍儿童认为自己能通过努力而取得进步。

（二）听觉障碍儿童的情绪情感特征

1. 情绪外露且易变

视觉是听觉障碍儿童感受他人情绪、情感的主要途径，但通常很难通过视觉感受到他人微妙的情绪变化。与普通儿童相比，听觉障碍儿童不善于控制情绪，容易外露且易变。除此之外，听觉障碍儿童遇到的挫折较多，与他人沟通渠道不畅，因此十分容易产生负面情绪。

2. 高级情感体验贫乏

听觉障碍儿童的高级情感体验相对贫乏，他们的高级情感往往需要与具体的形象和需求联系起来，通常表现为体验不深刻，道德感和美感等高级情感发展迟缓。例如，在学习中，他们往往关注具体的资料，对于抽象的学习内容则不感兴趣。学习动机也常与具体的事物相联系，低年级听觉障碍儿童努力学习主要是为了得到周围人的关注和表扬，如同学、教师、家长等，而高年级听觉障碍儿童努力学习则是为了将来更好地就业。当学习缺少与具体因素的直接关联时，会大大降低听觉障碍儿童对学习的积极性和主动性。

（三）听觉障碍儿童的意志行为特征

听觉障碍儿童在意志行为方面不利于心理健康的特点有以下几个。

1. 性格冲动

与普通儿童相比，听觉障碍儿童的性格较为冲动，敢于冒险且少有顾忌。虽然在某些情况下需要大胆敢为，但这种敢为需要在审慎思考的基础上进行。而听觉障碍儿童在遇到事情时往往不加思考，只凭一时的冲动而采取行为，缺乏周密的考虑和自控能力。

2. 依赖性强

由于听觉障碍儿童缺少独立性，所以，他们对周围的人和物具有较强的依赖性，容易受到外界的影响。一项相关研究显示，随着年龄的增长，听觉障碍儿童表现出更多的依赖他人、随意附和、畏怯退缩的行为。该项研究的学者认为，出现这种现象的主要原因是随着年龄的增长，听觉障碍儿童遇到的挫折越来越大，从而产生了自卑心理。与普通儿童相比，由于听觉障碍儿童较强的依赖性，当其遇到不法分子或受到负面影响时，更容易步入歧途。

3. 缺乏恒久性

听觉障碍儿童受到榜样的影响或被某些事件触动时容易树立奋斗目标，但在实现目标的过程中往往显得缺乏恒久性，虎头蛇尾。例如，有的听觉障碍儿童看见某同学考上了大学，也会下定决心好好学习，但这种学习的积极性往往维持较短的时间，如果缺乏其他激励或是遇到挫折，可能很快就会放弃目标。当听觉障碍儿童步入社会后，由于缺乏恒心致使他们社会责任感不强，做事不能有始有终，从而有可能影响他们的职业生涯。

此外，听觉障碍儿童由于缺乏生活经验，对于社会中的负面思想和现象缺乏辨析、判断能力，因而容易出现行为偏差，甚至做出违法行为，危害社会。

四、听觉障碍儿童的主要心理问题

听觉的损伤和语言的缺陷对听觉障碍儿童的学习和认识活动以及个性的形成和发展有很大的影响,在情绪、个性及行为等方面都会出现一系列的心理障碍。一项相关研究表明,情绪反应测定结果表明听觉障碍儿童主要表现忧郁和焦虑情绪较多,爱冲动,对别人缺乏信任。相对于视觉障碍儿童,听觉障碍儿童在与人交往的过程中表现出更多的问题。

(一)对自我的不良认知

听觉障碍儿童对自我的不良认知主要表现为其自卑且孤僻的性格上。听觉功能的丧失严重影响了听觉障碍儿童的日常生活。听觉障碍儿童在早期的学习中主要通过观察和模仿他人的言行,学习适应社会的基本技能。但由于听觉障碍儿童在与人沟通的过程中存在重重障碍,他们感觉很难融入社会生活,进入同龄人的交往圈子。加之在学习中遇到的困难,毕业后就业的限制及社会传统的偏见,使其丧失自信,遇事容易退缩,有的甚至自暴自弃。他们往往因为自己听力的残障,认为自己永远比健全人差。由于自卑心理以及与健全人沟通的障碍,听觉障碍儿童不愿和健全人沟通,喜欢独处,长此以往,形成了不合群的性格。

(二)对外界事物的不适当反应

听觉障碍儿童对外界事物的不适当反应主要表现为其多疑、敏感的性格。听觉障碍儿童对外界的事物非常敏感,容易产生猜疑和焦虑的情绪。造成这类问题的主要原因是,其生理上的缺陷导致了其对客观事物认知不全面,容易产生错觉,加上语言沟通上的缺陷,使听觉障碍儿童的思维还停留在动作思维和具体形象思维阶段,抽象逻辑思维水平较低,对身边的事物、人际关系难以做出正确的判断和推理。

大多数听觉障碍儿童还存在过分任性和依赖的不良心理特征,这部分儿童在生活上、心理上都很依赖父母,希望父母寸步不离,凡事能够包办代替,即使对于一些力所能及的事,自己也不愿做。家庭成员对听觉障碍儿童的关注和过度保护,容易使听觉障碍儿童养成强烈的自我中心意识和依赖习惯,缺乏自立自主能力。

(三)不良的情绪体验

听觉障碍儿童情绪不稳定,难以控制自己的情绪,容易急躁冲动。个体自制力的强弱取决于个体的认识水平和情感体验。由于听不清或理解偏差，听觉障碍儿童获得的外界信息有时不太全面，从而导致听觉障碍儿童对人、对事的理解产生偏差，容易产生不良的情绪体验。听觉障碍儿童的认识水平较低，另外，其由于自卑而导致自尊心非常强，常常因为一点小事难以自控，不利于自制力的形成和发展。因此，听觉障碍儿童往往表现得不善于控制自己的情绪，情绪行为反应过激。听觉障碍儿童如果自认为受到不公正的对待或被他人曲解其原意时，容易产生过激的情绪和行为反应，如乱发脾气、不听劝告等。

听觉障碍儿童产生心理问题的原因是多方面的，有听觉障碍儿童听觉器官功能缺陷的自身因素，也有父母的管教方式和教育态度等家庭因素以及来自社会环境的影响，包括听觉障碍儿童在社会生活中的地位和人们对他们的态度等。另外，听觉障碍儿童的心理问题在性别和地域上也存在差异。

第二节　听觉障碍儿童心理健康的影响因素

一、社会因素

在当今知识信息时代，人们获取各种信息的渠道十分便利快捷，听觉障碍儿童也深受影响。在拓宽视野、丰富知识面、娱乐生活的同时，一些言情戏说的影视作品、打打杀杀的动画片是听觉障碍儿童在电视上常常看到的节目。由于在听力有障碍，听觉障碍儿童的眼睛就成为最主动、最活跃、最重要的感觉器官，他们在从外界获取信息方面在很大程度上依赖于视觉，而且视觉记忆保持得比较好。许多内容低劣粗俗的图书、光盘等信息，充斥着听觉障碍儿童的眼睛和心灵。身心稚嫩、辨别是非能力较差的儿童很难忘掉内容不良的视觉信息，这对他们心理健康发展产生不良的影响。

二、家庭因素

部分家长出于失落感、低下感等心理，有意无意地限制听觉障碍儿童外出，力图使听觉障碍儿童处于自己的安全保护下而不受到外面的"欺负""污染"，从而使听觉障碍儿童成了现代意义上的"阁楼儿童"，这实际上是堵塞了听觉障碍儿童认识自我、发展和培养社会交往能力的一条重要途径。

家长限制听觉障碍儿童活动，使他们的生活范围狭窄，以及缺乏与同伴交往的机会和经验。又由于听觉障碍和语言发展迟缓的特殊性，导致听觉障碍儿童与普通儿童相处时说不清、听不懂，无法与人沟通，会经常出现无意识地违反了大家共同遵守的行为准则和规范的现象。他们的交流方式与行为方式是大多普通儿童不能理解和接纳的，所以听觉障碍儿童很快被孤立于伙伴范围之外。他们逐渐地丧失了对活动或事物的兴趣，没有自信，进而自我封闭。

三、自身因素

听觉障碍儿童自身的听觉缺陷和语言障碍使得他们不能很好地与他人进行交往，他们不但无法与普通人适当的关系而且容易对他人产生误解。由于语言能力的限制，听觉障碍儿童对于抽象的社会道德意识的理解比普通儿童差。

自我概念具有三大功能：①决定人们的期望；②决定个人对经验的解释；③保持内在一致性。由此可知，人的心理健康受自我概念的影响。听觉障碍儿童作为一个特殊的群体，听觉缺陷、语言障碍等生理缺陷会对其自我概念和心理健康水平造成消极的影响。

第三节　听觉障碍儿童心理健康教育

听觉障碍儿童产生心理问题的原因和表现形式是复杂多样的，对听觉障碍儿童进行心理健康教育是一项需要社会、学校和家庭共同参与的系统工程。听觉障碍儿童心理健康教育可以分为心理问题的预防和矫正两部分。

一、听觉障碍儿童的家庭心理健康教育

（一）进行早期素质训练

听觉障碍儿童与普通儿童的早期发育的差距比较小，但随着他们年龄的增长，这种差距是会越来越大的。因此，应该在他们与普通儿童差距最小的情况下对其进行早期训练，这时听觉障碍儿童的可塑性最强，最容易接受特殊教育的影响。对听觉障碍儿童进行的早期素质训练的内容包括听觉障碍儿童的动作及语言发展等方面。发展听觉障碍儿童的语言是早期训练的一项重要内容。可以说，教给听觉障碍儿童语言的开始时间和方法是影响语言形成的重要原因。家长要做到早发现、早训练。在训练过程中，家长不应操之过急，一定要注意方式和方法，给听觉障碍儿童一个适应的过程，并且要做到有耐心和细心，做好长时间的准备；在进行语言训练的同时，还要尽量配合看话练习，逐渐培养

儿童信心，提高其独立交往的能力。对于一部分有残余听力的儿童，家长应尽早带他们到专业的机构进行听力损伤测试，根据听力损伤情况帮助听觉障碍儿童选配适宜的助听器，尽量发挥听觉障碍儿童残余听力的作用。

家长在对听觉障碍儿童的动作、语言等进行观察时，可以及时与正常儿童的行为进行对比，并采取科学、合理的方法进行矫正。例如，听觉障碍儿童走路时常出现左右摇摆不稳定现象，这时家长就可以针对这一问题进行训练，如进行平稳机能训练等。

（二）社会适应性训练

对听觉障碍儿童进行有针对性的社会适应性训练是非常必要的，家长应尽可能让他们参与社会活动。这样做，一方面，可以使他们从简单的家庭氛围中走出来，了解家庭之外的社会知识，为将来走入社会打下坚实的基础；另一方面，也可以提高社会大众对于听觉障碍儿童的正确认识，同时，可以对整个社会产生良好的影响，使全社会共同关心和帮助他们，从而使听觉障碍儿童感受到社会的温暖和力量。

有些家庭对于听觉障碍儿童出于保护的目的，往往限制他们与社会其他成员的交流，这样做的后果是听觉障碍儿童越来越封闭。家长首先应该为孩子起到指导的作用，不仅应鼓励、帮助孩子迈出第一步，还应该有意识地激发和培养孩子观察世界、探索自然奥妙的积极性，提高他们适应社会的能力，使他们在社会生活中获得更多的知识，积累更多的经验。同时，家长也可以鼓励孩子多参加劳动，如做简单的家务或参加小型的公益活动等，并且在孩子能够独立完成的情况下，尽可能地放手让他们单独完成，有意识地锻炼他们应对各种事情的能力，使他们从劳动中得到启迪，从而更加热爱生活、热爱家庭。

（三）传授文化科学知识

听觉障碍儿童由于自身存在的缺陷，更多时候只能靠双眼观察和认识世界，造成他们的认知往往具有极大的片面性，因此对他们施行早期文化知识教育，进行早期智力开发是很有必要的。

家长在家庭内实施文化知识教育时，可以选取日常生活中的事物作为教育内容。如一些简单的日常生活用语、简单运算知识、家庭称谓及待人接物等方面的知识。对于这些知识，家长不应求他们完全掌握，只要能够理解就可以，对于视觉障碍儿童不能理解的问题，家长可以用浅显易懂的语言向他们解释清楚，使其在今后的实践中逐步应用。

在听觉障碍儿童接受学校教育后，家长更应该配合学校，做好双方面的共同教育。例如，定期检查学校布置的家庭作业，并把完成情况及时向老师进行回馈，及时进行沟通；也可以在休息日时给孩子布置一些他们能够完成的小任务，如小制作、简单家务等；还可以为孩子推荐一些适合听觉障碍儿童阅读的健康有益的课外读物或观看一些有教育意义的影视节目，从而在锻炼其动手能力的同时，使其获取更多的知识。

二、听觉障碍儿童的学校心理健康教育

（一）创设良好的成长环境

环境对于人的心理健康建设具有重要作用，学校是听觉障碍儿童活动的重要场所，有责任为听觉障碍儿童创设良好的环境，包括物理环境和心理环境。

学校创设良好的物理环境是指创设优美有序、充满生机的校园环境。明亮的教室、宽阔的操场、生机勃勃的花草树木等都会给听觉障碍儿童带来愉悦的心情，也会使他们形成自觉维护环境的意识。而布告栏、宣传栏中的学生作品、好人好事、名人名言等会使学生产生亲切感，对他们的健康成长有良好的激励作用。

学校在建设校园的同时也要发挥自身的优势，促使家庭和社会共同为听觉障碍儿童创造良好的成长环境。学校要积极联系家长，及时了解学生在家庭中的表现，并向家长反映他们的在校表现。同时学校还要对家长进行培训，帮助家长学习手语、了解听觉障碍儿童的心理与教育等相关知识，提高家长与子女交流的能力，改进家长教育的方式方法。在做好家长工作的同时，学校也要积极发挥自身力量，扩大社会影响，引导全社会关心、帮助听觉障碍儿童，为其成长创造良好的社会环境。

（二）组织开展各项活动

学习是听觉障碍儿童在校期间的主要活动之一。通过学习，听觉障碍儿童可以提高思维能力，掌握适应社会所必需的知识与技能，特别是语文学科的学习培养和提高了他们的语言能力，减少和消除了听觉障碍儿童的沟通障碍。

除了组织好听觉障碍学生的学习活动外，学校还要开展其他的各项活动，例如，培养听觉障碍儿童良好的行为习惯；通过文娱体育活动丰富他们的生活；通过校外活动开阔他们的视野，帮助他们了解社会。

三、听觉障碍儿童的社会心理健康教育

当听觉障碍儿童出现心理问题时，就需要有专业的心理咨询师采取有效措施对他们进行心理矫治。而目前，我国大多数特殊教育学校中并没有心理咨询师，即使少数特殊学校中有心理咨询师，其专业水平也不高，因此就需要社会上专业心理咨询师的帮助与指导了。针对普通人进行的心理矫治方法一般也适用于听觉障碍儿童。当前，针对听觉障碍儿童的心理咨询和治疗的方法有很多种，这些治疗方法通常受到以下三个心理学流派的影响。

①人本主义流派。人本主义心理治疗理论强调人的自身能力，认为人可以通过理性的思考来解决情绪困扰。因此，在治疗过程中，人本主义心理治疗理论主张心理咨询师通过讲解、说服乃至辩论的方式引导来访者对自己的观点进行质疑，对自己的认知方式进行反思，并使来访者逐步建立合理的生活方式和思维方式。

②行为主义流派。行为主义心理治疗理论认为，人的异常行为是错误学习的结果，强化在人的行为形成过程中起到关键性的作用。行为疗法关注问题行为本身，而不去追究行为产生的根源，强调通过观察外部行为寻找问题的关键，并通过强化或惩罚改变关键行为或建立新的行为模式。到目前为止，行为疗法出现了很多具体的、可操作的方法，如系统脱敏法、厌恶疗法等，这些方法都是经过实践证明了的行之有效的治疗方法。

③精神分析流派。该流派认为人的异常行为和心理产生的根源是人的早期生活经验，如果人在幼年时期心灵受到创伤，这些体验就会被压抑到无意识之中，进而出现外显症状。治疗关键是通过来访者自由联想、释梦，寻找到来访者产生症状的无意识症结，进而找到产生问题的根源，治疗主要通过谈话来进行，需要当事人的主动合作。目前，精神分析流派已不像过去那样强调人的无意识活动，而是逐渐开始重视意识的重要性。

在实际的治疗过程中，心理咨询师要根据听觉障碍儿童出现的心理问题和他们已有的知识水平及认知能力选择适当的治疗方法。作为听觉障碍儿童的心理咨询师首先要精通手语，以消除与学生沟通的障碍。在咨询过程中，咨询师的态度要亲切，善于倾听与观察，尽可能避免道德说教，而要引导听觉障碍儿童自己领悟。

第六章　智力障碍儿童心理健康

对于智力障碍儿童而言，他们在心理发展的各个方面都不同程度地存在着一定的障碍。首先，由于他们对真善美、假恶丑等的评价标准低、辨别能力差，因此经常会出现一种在普通人看来是不美好的东西，他们却认为这些东西是好的或美的；其次，他们会长时间且毫无理由地抵触和对抗学校或教师的合理化建议；最后，他们会时而做出一些小偷小摸的事等。通过研究智力障碍儿童心理健康可以帮助教师找到产生这些问题的主客观原因，从而采取行之有效的教育措施，促使他们的身心向健康方向发展。

第一节　智力障碍儿童的心理特征及问题

一、什么是智力障碍

智力障碍的定义涉及如何认识此种障碍及其涵盖对象等问题，对智力障碍儿童的教育与康复具有重要意义。不同的国家有着不同的定义，这反映了人们对智力障碍的不同认识程度与水平。

（一）我国的定义

在我国的相关法律法规和残疾人分类体系中，称智力障碍为"智力残疾"。目前，常用的智力残疾定义为 2006 年第二次全国残疾人抽样调查六类残疾标准中的界定，具体内容如下。

智力残疾是指智力显著低于一般人水平，并伴有适应行为障碍。此类残疾是由于神经系统结构、功能障碍，导致个体活动和参与受到限制，需要环境提供全面、广泛、有限和间歇的支持。

智力残疾包括：在智力发育期间（18 岁之前），由于各种有害因素导致的精神发育不全或智力迟滞；或者智力发育成熟以后，由于各种有害因素导致的智力损害或智力明显衰退。

这一定义采用了当时国际范围内最新的智力障碍的界定框架，并加入了"支持"理念，体现了我国对智力障碍认识的国际性，且对智力障碍教育的发展起到了引领方向的作用。

（二）美国的定义

1.《残疾人教育法案》的定义

《残疾人教育法案》采用了智力落后这一概念。智力落后一般指智力功能水平明显低于平均水平并同时存在适应行为的缺陷，表现于发展时期并对儿童的教育表现产生不利影响。

该定义包括三项评价标准：第一，一般智力功能明显低于平均水平是智力落后诊断的先决条件，明显低于是指个体在标准化智力测验中的分数比平均分数小两个或两个以上标准差；第二，智力功能不是判断智力落后的唯一标准，适应行为水平必须同时低于平均水平；第三，智力功能与适应行为障碍必须出现在发展期。这一定义是美国智力与发展性障碍协会（AAIDD）的前身——美国智力落后协会（AAMR）于 1973 年界定的。

2.美国智力与发展性障碍协会的定义

美国智力落后协会（AAMR）于 2007 年更名为美国智力与发展性障碍协会（AAIDD），该组织于 2010 年推出了智力障碍第 11 版定义、分类与支持系统手册。新定义在一定程度上沿用了 2002 年第 10 版的定义：智力障碍是一种以智力功能和适应行为有显著缺陷为特征的障碍，适应行为缺陷表现在概念性、社会性及实践性适应技能上。该障碍发生在 18 岁之前。

第 11 版定义同时采用了第 10 版定义的五个假设基础。

第一，必须在能代表个体同龄伙伴的社区环境中考虑其当前的功能缺陷。

第二，有效评估需要考虑沟通、感官、动作以及行为等因素的差异，也要考虑文化与语言多样性。

第三，对个体来说，缺陷与功能通常是共存的。

第四，描述缺陷的一个重要目的在于阐述所需支持的整体情况。

第五，持续地给予适当的个别化支持，通常可以使智力障碍者的生活功能得到改善。

2010 年新定义具有的意义之一是第一次在官方定义中使用"智力障碍"这一概念以代替此前一直沿用的"智力落后"。

二、智力障碍分类

智力障碍具有多种分类体系，国内外较常见的分类标准如下。

（一）美国《精神疾病诊断和统计手册（第4版）》的分类

美国《精神疾病诊断和统计手册（第4版）》（DSM-IV）将智力障碍命名为智能不足，并根据智力水平将智能不足分为四种类型，如表6-1所示。

表6-1 美国《精神异常诊断和统计手册（第4版）》的智力障碍分类

障碍程度	智商水平
轻度智能不足	50～55到大约70
中度智能不足	35～40到50～55
重度智能不足	20～25到35～40
极重度智能不足	20或25以下
严重度未注明智能不足	指被强烈怀疑为智能不足，但其智能无法以标准测验来实施（如智能过低或不合作或个案为婴儿）的个案

（二）世界卫生组织的分类

世界卫生组织于1993年出版的《国际疾病分类（第10版）》（ICD-10），将智力障碍分为以下几种类型，如表6-2所示。

表6-2 《国际疾病分类（第10版）》的智力障碍分类

障碍类型	分类依据
轻度智力障碍	智商范围在50至69之间，对成人而言，9岁<智龄<12岁
中度智力障碍	智商范围在35至49之间，对成人而言，6岁<智龄<9岁
重度智力障碍	智商范围在20至34之间，对成人而言，3岁<智龄<6岁
极重度智力障碍	智商小于20，对成人而言，智龄<3岁
其他智力障碍	因伴有其他缺陷，造成使用正常手段来评定迟滞水平极为困难或根本不可能
非特异性的智力障碍	无法划入上述任何一个类别

智龄（MA）全称智力年龄，与实际年龄（生理年龄）相对，此概念首先由比奈提出并采用，是指在智力测验量表上与某一智力标准水平相当的年龄。智商（IQ）指被测验者的智力发展水平。智商（IQ）＝智力年龄（MA）/实际年龄（CA）×100。

（三）我国第二次全国残疾人抽样调查的分类

2006 年，我国第二次全国残疾人抽样调查将智力障碍分为四级，如表 6-3 所示。本分类系统中引入了发展商数这一概念，是指个人促使物态或事态转变的能力，发展商数越高的人，越有办法改变环境进而创造环境。针对 0 到 6 岁的诊断应用发展商数代替智商分数，适应行为适用于各个年龄段。

表 6-3　我国第二次残疾人抽样调查的智力障碍分类

级别	发展商（DQ） （0～6 岁）	智商（IQ） （7 岁及以上）	适应性行为（AB）
一级（极重度）	25	<20	极重度
二级（重度）	26～39	20～34	重度
三级（中度）	40～54	35～49	中度
四级（轻度）	55～75	50～69	轻度

（四）按个体所需支持程度进行分类

美国智力落后协会于 1992 年推出了第 9 版智力障碍定义，提出按个体所需支持程度对智力障碍进行了分类，如表 6-4 所示。

表 6-4　美国智力落后协会按个体所需支持程度进行的智力障碍分类（1992 年）

类别	个体所需的支持程度
间歇支持	所需要的支持服务是零星的、视需要而定（如失业或生病时等）
有限支持	所需要的支持服务是经常性的、短时间的（如短期就业训练或从学校到就业的衔接服务等）
广泛支持	至少在某种环境中有持续的、经常性的需要，并且没有时间上的限制（如需要在工作中或生活中得到长期的支持服务等）
全面支持	所需要的支持服务是持久的且需求度高，在各种环境中都需要提供，并且可能为终身需要

三、智力障碍儿童的心理特征

（一）智力障碍儿童的人格特征

1996 年，一项研究采用了日本学者桥本重治等研制的《缺陷儿童人格诊断量表》的修订版，对智力障碍儿童的人格特质进行了测量。将其中涉及的 14

种人格特质归为三种因子，即适应性应子、分化性因子和自我发展因子。该项研究表明，智力障碍儿童在适应性因子上的得分较低，其个人适应性和社会适应性都较差，特别是社会适应性的得分更低。在某种程度上，这体现了他们缺乏团结的意识，并在人际关系处理方面存在严重缺陷。他们对学习的积极性不高，兴趣不广泛，缺乏参与活动的主动精神。对学习缺乏恒心和毅力，哪怕是最小的困难也不会克服。在独立性方面，智力障碍儿童表现为独立性较差，而依赖性较强；受他人影响较多，而主动性较少。一些智力障碍儿童脾气固执，行为习惯固定，他们的个性特点很难被改变。

智力障碍儿童在自我发展因子上的得分情况好于前两项，但仍显示智力障碍儿童缺乏自信、低估自己的倾向。

除生活习惯、自我表现、神经质、忍耐性等方面外，在其他人格特质方面，轻度与中度智力障碍儿童存在显著的差异，中度智力障碍儿童则表现出了更多的异常个性特征。

在人格特质方面，智力障碍儿童与普遍儿童存在显著的差异。相比于普通儿童来说，大多数智力障碍儿童往往情绪不稳定，以自我为中心，较为顽固等。

导致这两类儿童存在个性差异的原因有很多。首先，由于大脑功能受到损害，智力障碍儿童丧失了发展良好人格的物质前提，这在一定程度上限制了他们个性的形成和发展。其次，受到特殊社会环境因素的不利影响，智力障碍儿童往往会经历更多的失败与挫折，很容易出现自卑、焦虑等不良个性特征。最后，认知能力的局限性也会影响其个性的发展。

（二）智力障碍儿童的心理发展特征

智力障碍儿童不仅感知速度缓慢，而且记忆能力较差，思维水平还较低。在生活能力或适应能力上发展水平较低，有的智力障碍儿童五六岁了还不会用筷子。在言语方面，当他们成年后，尽管他们接受过教育，但也不会运用书面语言，四五岁还不能像一般孩子那样流利地说母语等。其情感的深刻性、可控性水平较差，说哭就哭，说笑就笑。

由于心理发展水平较低，智力障碍儿童会出现身体发展与心理发展相脱节的现象，这也是智力障碍儿童的重要心理特征。由于心理过程的活动异常，导致智力障碍儿童不能像普通儿童一样认识外界事物，认识自己，更容易出现各种心理问题，加之有些智力障碍儿童还伴有其他身体或精神方面的疾病，这使得他们在适应社会、与人交往的过程中出现更严重的心理问题。

四、智力障碍儿童的主要心理问题

（一）人格偏差

智力障碍儿童人格发展与普通儿童遵循同样的规律，但由于身心障碍的影响，往往在发展过程中又有所偏差。

相关学者对于智障儿童人格的特征曾有不同的解释。较早研究智力障碍儿童人格的心理学家勒温认为，智力障碍儿童不仅仅在智商方面存在缺陷，而且整个人格都是病态的，智力障碍儿童人格特征具有僵硬性，主要表现为认知构造分化度较低和心理素材的僵硬性较强。齐格拉的观点是，行为动机受挫是造成智力障碍儿童的人格障碍的主要原因。台湾学者何隼则认为：①与普通人的人格特征相比，智力障碍者只是在程度上有所不同，不存在种类上的区别；②与普通人相比，智力障碍者的焦虑更加严重；③由于长期在生活和学习方面遭受挫折，智力障碍儿童对事情失败的期待往往要高于对成功的期待；④与一般儿童相比，智力障碍儿童往往更善于运用最原始的防卫机制；⑤由于智力障碍者往往不被社会接纳和赞许，所以他们更迫切需要得到人们的接纳和赞许；⑥与普通人相比，在好胜动机上，智力障碍者往往更弱一些；⑦一般来讲，智力障碍儿童的行为特点是固执，不具备适应环境的能力；⑧与普通儿童相比，外在动机更容易左右智力障碍儿童的行为。依据以上研究，智力障碍儿童人格特征的形成往往是个人不利因素与缺乏支持的环境交互作用的结果，其失败的经验是形成其人格偏差的关键。

（二）自控能力差

对于轻度智力障碍的学生而言，他们天生就存在缺陷，他们的高级精神需求很少，并且自我控制能力较差，常常会被激情所驱使，不判断对错，也不考虑后果。等到了青春期，尽管他们处于生理成长的高峰期，但与普通儿童相比，其心理发展水平往往很低，不能很好地分辨外界的诱惑，很容易冲动，相比于其他残疾儿童，他们非常缺乏自我控制能力，男生在这一方面则尤为凸显。

（三）容易产生自责倾向

由于长时间在生活和学习方面遭受挫折，他们往往会表现出为难的情绪和消极的观念。他们在小的时候就过度依赖父母，从而导致对爱的渴望过于强烈，很少考虑自身的问题。当轻度智力障碍学生步入青春期后，他们的身心逐渐成熟起来，他们渴望摆脱父母，独立面对问题，但他们经常由于能力有限而感到无助，所以他们经常会责备自己。当他们受到批评、做错事时，就会责备自己；当学习有困难、成绩差时，也会责备自己，往往出现明显的自责倾向，很容易形成恐怖的心理。由于各种客观原因，智力障碍儿童在小的时候可能与外界接触很少，但随着年龄的增长，各种压力会迫使他们独立面对社会，在这时，他们很容易产生恐怖心理。

（四）人际与社会适应不良

在人际和社会特征方面，智力障碍儿童往往存在着各种各样的特殊问题，例如：无法与他人有效沟通；经常被同伴排斥；总是想逃离人群；任人摆布；缺乏团队精神，对周围事物漠不关心，不能维持稳定的人际关系；经常模仿别人或跟在别人后边玩；不能与他人共同合作完成任务；等等。

智力障碍儿童往往不能很好地适应社会，他们往往也很难理解为什么他们受到排斥，即大部分智力障碍儿童不切实际的社会行为都是由于他们社会意识低下所导致的，甚至有时做出违法的行为。

第二节 智力障碍儿童心理健康的影响因素

一、先天因素

这里的"先天因素"指的是先天的遗传素质，它们给智力障碍儿童的心理发展提供物质基础和可能性。所谓遗传素质是指智力障碍儿童从上代那里获得的在生理解剖方面的生物特点，这些特点是儿童身心发展的物质前提。没有这个物质前提，一切发展都是不可能的。

导致儿童智力障碍的原因有很多。智力障碍既可以是由先天原因造成的，又可以是后天因素作用的结果。如果一个儿童一出生智力就低下，即由先天原因造成的智力障碍，那么这个儿童心理发展的物质基础就有缺陷，这就使他以后的心理发展有困难，并且该儿童心理发展的可能性与其先天遗传的智力程度有很大的关系。如果其智力低下的程度较轻，属于轻度的智力障碍，那么在一般情况下其后天心理发展的可能性就较大些；如果该儿童是属于重度的智力障碍，那么其心理发展的可能性就较小。即智力障碍的程度与心理发展的可能性成正比：智力越落后，心理发展的可能性越小；智力障碍程度越轻，心理发展的可能性就越大。因此对于不同程度的智力障碍儿童所确定的教育目标就有较大差别。

遗传因素仅为智力障碍儿童的心理发展提供一种可能性，并且这种发展可能性的大与小并不是绝对的、一成不变的，还要受到后天环境和教育的影响。

目前，在智力障碍儿童心理发展的可能性问题上。人们往往存在着两种错误的观点：一是持极端悲观态度，认为由于智力障碍儿童存在智力缺陷，这就决定了对他们进行教育是不可能的，因此，放任自流，歧视和虐待他们；二是一开始对智力障碍儿童心理的发展持较为乐观的态度，满怀信心和希望地对他们进行教育，但当经过几年或某一阶段的努力后，发现智力障碍儿童在各个方面的发展上并没有多大进步后，就感到无能为力，进而灰心丧气，丧失信心。之所以存在上述情况，是因为人们对智力障碍儿童心理发展的规律及其可能性没有一个正确的、公正客观的认识。正确的认识应当是，智力障碍儿童的智力虽低下，但经过后天社会生活环境和教育的影响，其心理是可以发展的。但这种发展的可能性是有一定限度的，从本质上讲，与普通儿童相比，智力障碍儿童的智能小很多。轻度的智力障碍儿童的心理发展水平一般不超过普通儿童的13～14岁水平；中度的智力障碍儿童的心理发展水平一般不超过普通儿童的7～8岁水平；重度的智力障碍儿童的心理发展水平一般不超过普通儿童的4～5岁水平，而极重度的则不超过正常儿童的2～3岁水平。

二、社会因素

社会对智力障碍儿童的看法和态度较消极。从20世纪80年代建立培智学校或辅读学校以来，经过多年的宣传，仍然有一些人认为智力障碍儿童往往是"傻子"和"白痴"，并对他们表现出歧视或轻视的态度。

当下，以特殊学校为主体的社会支持系统的建设工作还有待加强。有的培智学校中的学生毕业后无处可去、流落街头，得不到关心和支持，甚至有的学生出现了更严重的异常行为。在义务教育阶段后，由于缺少社会支持系统，多年的教育徒劳无功。

与盲校和聋校相比，教育智障儿童的培智学校或辅读学校设立较晚，教育观念的转变较慢，针对智力障碍儿童的教育理论方法还有待进一步的研究和完善。

三、家庭因素

有的智力障碍儿童的家长的心理状态很复杂，对比普通儿童，自己的孩子却这样的特别，心里有很强的挫折感，同时也不愿在他人面前提及孩子的情况，甚至不愿带孩子到公共场合去。有的家长无力教养子女，对他们态度冷漠，甚至视其为累赘。智力障碍儿童在这样的家庭里得不到父母的关爱和家庭温暖。家长以上的这些做法都不利于智力障碍儿童形成健康的心理。而有的家长能够正视智力障碍儿童的生理及心理的缺陷，冷静考虑教育方法，研究他们的生理、心理特点，采取有效的缺陷补偿措施，并配合教师的工作，在家里配合教师的教学，帮助孩子完成教师布置的任务。这些做法有利于智力障碍儿童的心理向良好的方向发展。

四、个体因素

首先，智力障碍儿童尤其是中、重度智力障碍儿童，往往在生理或生化方面存在一定缺陷，例如，智力障碍儿童易于疲劳，有些儿童太过于兴奋，而有些儿童兴奋性过弱。当然，这些生理特点并不会直接导致心理问题的出现，但会成为儿童以某种方式去适应生理特点的行为基础。

其次，智力障碍儿童缺乏稳定的情绪，没有深刻的体验，也不具备良好的控制情绪的能力，这也是造成其心理问题的一个原因。智力障碍儿童常常受自己的情绪支配，很难根据社会行为规范或道德标准来调控自己的情绪和行为，也很难根据环境的变化和实际需求来协调自己的情绪，并改变已产生的欲望或要求。智力障碍儿童不仅意志薄弱，而且还缺乏主动性，还具有不可抗拒的冲动性，虽然固执但很容易受暗示。所有的这些因素都在很大程度上使得智力障碍儿童表现出一些不良的适应行为。

最后，在面对环境压力时，智力障碍儿童往往表现得很脆弱，不善于运用防御机制。当问题或挫折发生时，他们往往会产生心理冲突。

第三节 智力障碍儿童心理健康教育

智力障碍儿童心理问题的形成是其身心特质与环境相互作用的结果，所以，智力障碍儿童的心理健康教育也应该是预防—咨询辅导—矫治的连续统一体，而且预防在这 3 个环节中是最重要的。

一、智力障碍儿童心理健康教育的必要性

智力障碍儿童只有接受特殊的教育，才能逐渐适应社会，独立生活。在学校教育中，教师不仅要传授给他们应有的知识和技能，而且要对他们进行心理

健康教育，让他们学会调适自己的心态，以使更好地融入社会。

智力障碍儿童生理上的缺陷必然会影响其心理的健康发展，有一半以上的智力障碍儿童伴有不同程度的心理问题，主要体现在情绪、行为和人格等方面。有关学者研究发现，智力障碍儿童的心理问题比普通儿童多很多，大脑器质性损伤以及社会、家庭等不良因素的共同作用，严重阻碍了他们的身心发展。对智力障碍教育工作者来说，发现智力障碍儿童的异常心理与行为并给予及时的积极干预，有利于促进他们身心的良好发展。

对智力障碍儿童的研究也表明，智力障碍儿童不良适应行为的发生率远高于普通儿童。埃门等研究了美国加州及科罗拉多州 10597 名智力障碍儿童，发现 6870 例有不良适应行为，发生率约为 64.8%。自 1983 年美国智力落后学会发表第八次智力障碍修订定义以来，不良适应行为的范畴有了实质性的扩展，包括了一些非常消极的问题，诸如忧郁症、焦虑障碍以及自杀等均属不良适应行为。

帕森斯的研究表明，在未住进专门机构的智力障碍者中大约有 20%～35% 的人被诊断为兼有精神疾病，而与此相应的正常人群中精神疾病的发生率是 15%～19%。所以，智力障碍儿童会比普通儿童更容易面临精神疾病的威胁。

心理健康能够实现儿童个性的全面发展，智力障碍儿童要想发展潜能、适应社会等，就必须具备健康的心理，而生理、环境等不良因素也会在一定程度上制约他们的心理发展。所以，如何对他们进行心理健康教育，帮助他们形成良好的心理品质和健全的人格，培养他们的自我心理调节和控制能力，是家长和特殊教育工作者应关注的问题。

智力障碍儿童教育的首要目标是使主流群体能够接纳他们。当然，这需要智力障碍儿童学习相关的知识与技能，但他们要想发展成社会成员，就必须能够调节心理、控制情绪、承受压力和处理人际关系。柯克与加拉赫进行的智力障碍者社区生活与职业适应的研究结果表明：任何无技能性质的职业上的失败都与可教育性智力障碍者个人的、社会的及人际关系等因素有关，而与其是否有能力从事该项工作无关。对智力障碍儿童来说，发展适应行为、形成健康的人格、提高心理健康水平有助于其教育目标的实现。

二、智力障碍儿童心理健康教育措施

（一）积极构建智力障碍儿童心理问题的预防支持系统

预防主要目的是尽可能地减少不利因素的影响，以减少智力障碍儿童的心理疾病。学校、家庭及社会应尽量提供足够的社会刺激，给予适当的鼓励、合理的训练，教他们学会自理生活，使他们掌握简易必要的社会交往技巧，尤其要重视智力障碍儿童的心理需求，以教育代替同情，以鼓励代替放弃。通常来讲，可以通过以下几种支持系统来预防智力障碍儿童产生心理问题。

1. 行为支持

智力障碍儿童的行为问题极容易发生，且发生的原因多种多样。因此，有必要提供正确的行为模式和有效的行为反馈来更好地预防行为问题。

①多通过功能分析和 ABC 行为分析法（由美国心理学家埃利斯创建，其中，A 表示诱发性事件，B 表示个体针对诱发性事件产生的一些信念，C 表示个体产生的情绪和行力后果），来了解行为产生的原因和背景。如果一个自伤的孩子可能是对嘈杂的环境感到压力过大，那么，教师和家长可为其提供安静的环境或避免剥夺其生理需求，引导其从事休闲活动等，进而改正其自伤行为。

②构建有效预防效果的环境。

③尽量少使用惩罚。

2. 环境支持

①给智力障碍儿童提供轻松的环境，如经常性的户外活动等。

②使智力障碍儿童有较多的选择机会。

③培训智力障碍儿童家长，教会家长如何控制和调节自己的情绪和行为，以及如何有效地了解和帮助孩子。

④特殊教育专职人员培训，使更多的专业人士可以帮助智力障碍儿童。

⑤重视智力障碍儿童社会技巧的学习。

⑥注重社会宣传，让更多的人具有宽容接纳的心态。

⑦提供与正常儿童互相帮助的机会。不能让智力障碍儿童仅仅成为一个受帮助的群体，要让其有机会体验助人的快乐。

通过各种支持系统能够减少智力障碍儿童心理危机和障碍，预防心理疾病，防止第一性障碍发展为第二性保障，从而确保他们以良好适应的心态平等地进入社会。

3. 生物、生态支持

智力障碍儿童在生理状况、对环境的适应等方面可能有特殊需求。要想更好地预防其心理问题，就要及时、恰当地满足他们的需求，为他们创设合适的生活环境。相关人员可以从以下几个方面来为他们提供生物和生态的支持。

①提供适当的药物。部分智力障碍儿童由于先天身体素质的影响，可能需要长期服用药物来维持身体和精神的健康，比如儿童癫痫和代谢异常儿童，他们因为比普通儿童更易罹患疾病或身体虚弱，而较可能在某一段时间需要药物的帮助。

②提供充分及合适的营养物质。这对由于家庭贫困造成的智力障碍儿童尤为重要。

③提供最少受限制的教育安置环境。使孩子最大限度地发挥其潜能并尽最大努力使孩子与普通儿童生活在一起，能促进孩子的适应性发展。

④控制环境，减少智力障碍儿童的环境压力。

⑤对智力障碍儿童进行睡眠模式训练，如规律的作息与睡前的放松等。

⑥使智力障碍儿童进行一定量的运动练习，如每天定时定量定项目的运动。

4. 教育支持与控制

学习活动是智力障碍儿童面临的最大难题，也是使其经历失败挫折最多的活动。所以，预防智力障碍儿童心理问题出现的关键在于为他们提供学习上的支持与帮助，使他们能够体验到成功的感觉，从而消除失败预期。

①营造社交环境，尽量减少人为的隔离限制。

②尽可能使智力障碍儿童处于活动状态。

③在学习活动中通过任务分析法细分任务，并支持他们的学习活动。

④及时为智力障碍儿童提供特殊帮助。

⑤商议和明确个人学习的目标和任务。智力障碍儿童往往不清楚自己为什么要学习，他们把学习当成教师和家长强加于他们的负担，常常以消极的态度来对待，因此，难以完成学习任务并易具有沉重的心理负担。为此，教师应该和儿童一起商议制定学习的目标，明确每一项学习活动的任务，让他们以积极的心态投入学习活动中。

（二）创造良好的家庭教育环境

1. 让家长接受事实

家长必须认识到，智力障碍不是疾病，而是一种状况，就像断残的胳膊不能重新长出来，已死的脑细胞无法再生一样。家长带着孩子四处求医拜神，极可能枉费精力和钱财，却换来一次又一次的失望。只有理智地面对现实，才可能采取正确的教养态度和方式，例如，细心找出孩子的长处，经过耐心引导和反复教育训练促使其进步。

2. 帮助家长消除罪恶感

任何一个阶层的家庭都可能会出现智力障碍儿童，医学界至今还没有确定一些智障的发病原因。一些家庭出现智力障碍儿童并不是上天的惩罚，如果家长由于生养智力障碍儿童而造成心理障碍，就会影响家庭氛围，甚至影响婚姻和谐，将造成更多的不幸问题。所以，帮助智力障碍儿童的家长消除负疚感和罪恶感，使其积极地面对孩子智障的现实，有非常重要的意义。

3. 使家长正确认识智障儿童在家庭中的地位

智力障碍儿童的家长往往被孩子发育迟滞的现象所困扰，事实上，即使一般儿童的教养也不是一帆风顺的，养育身心健全的子女同样需要不断充实知识、不断付出关爱，与儿女一同发展成长。家长和孩子之间仍难免有摩擦、紧张甚至对立。智力障碍儿童则思想单纯、感情率真。当正常子女都长大自立、各奔前程时，可能只有智力障碍儿童会长久地陪伴双亲。

全家人共同协助智力障碍儿童成长的过程会增进家人之间的情感和增强凝聚力。帮助智力障碍儿童有效利用残存智力，充分发挥其潜能，对家长而言，需要绞尽脑汁地想方法，付出长期的努力。在取得必要的社会人力、物力资源的过程中，有智力障碍儿童的家庭甚至可能比正常家庭更易建立更牢固的人际、社会关系，拥有更美好的家庭生活。

4. 协助家长了解并采取正确的教养态度和方式

家长对智力障碍儿童的教养要有正确的态度，应以赞美代替苛责，多带他们去接触人群。此外，面对智力障碍儿童的不良行为，家长应如何处理？这里介绍一些简易的方法。

（1）转移法

当家长发现孩子有不良行为时，应该通过其他有趣的事物来分散他们的注意力。

（2）忽视法

为了吸引别人的注意力，孩子有时会敲打自己的头或呕吐食物，目的是得到家长的关心。倘若家长表现出关心，那么，孩子下次还会继续这样做下去，所以针对这种情况，家长应予以重视。

（3）疏导法

由于语言能力较差，智力障碍儿童不能恰当地表达他们的自我需求，所以，他们为了吸引人们的注意力，往往会采用伤害他人或损坏物品等方式。因此，家长应该更加关心他们的孩子，并教给他们适当的沟通方式，使他们能够正确地表达自己的需求和情感。

（4）用手控制

家长在孩子出现不良行为时，可以用手将他"犯错"的具体身体部位牢牢握住，待他挣扎1～2分钟后再放手。一般而言，这种方法能够有效地制止他们打人、摔物、打头等手部行为。事后再教给孩子以一种理性的方式来发泄他的愤怒，这样对他会更有帮助。

（5）用拥抱控制

当孩子制造噪音或四处游荡时，家长可以紧紧拥抱住他，使他不能挣脱，与此同时，拍抚他，并小声与他说话，直到孩子停止挣扎、安静下来再逐渐放松。特别是对年幼的孩子而言，非常有必要对其进行身体的接触，它不仅可以稳定孩子的情绪，而且可以增进与孩子之间的情感。

（6）环境控制法

当采用环境控制法时，家长应提供给孩子一个玩耍和活动的空间，教他将自己的东西放在固定的地方，藏好那些不想让他们碰到的物品，尽可能地不让他看到容易引发异常行为的物品。这样，通过改善环境，可以使孩子更好地控制自己的行为。

（三）选择适当的方法对智力障碍儿童进行心理辅导

智力障碍儿童和普通儿童一样，需要爱和鼓励来满足内心的渴望。对其进行心理辅导宜注重用行为改变技术消除其不适当行为。这里以在行为改变技术中常见的两种可以消除智力障碍儿童的攻击行为及惧怕、焦虑情绪的技术来做说明。

1.反应替代法

训练者在运用反应替代法时可借助海龟技术来教导智力障碍儿童控制攻击行为的训练步骤为以下几步。

①呈现海龟图片并叙说海龟的故事，引起儿童对海龟的兴趣。

②教导儿童模仿海龟动作，将手紧靠身体，把头低下，放松肌肉，想象自己是一只海龟。同样，训练者需强化儿童的正确反应。

③利用角色扮演和讨论的方式，教导儿童当被激怒时，能以海龟动作代替攻击行为。

2. 系统脱敏法

此方法通常用于处理惧怕或焦虑的反应。智力障碍儿童因经历较多挫折，因而比一般人有较多的畏缩反应。由于系统脱敏法很少需要语言沟通和复杂的人际互动技巧，因此，它被视为智力障碍儿童较适用的自我控制方法。另外，鉴于智力障碍儿童认知能力较弱，应少用想象的系统脱敏方式，而多用直接接触的脱敏方式，即将真实刺激所引发的惧怕或焦虑按程度高低排列，由低而高，逐步训练智力障碍儿童接近焦虑最高程度的真实刺激。同时，训练者可根据每个步骤的完成情形，适时给予智力障碍儿童物质性或社会性强化物。

（四）对智力障碍儿童心理问题进行矫治

智力障碍儿童由于各种不良因素的影响，存在较多的心理问题，他们不只是在智力上比同龄普通儿童的发展水平落后，同时由于心理发育迟滞，他们往往会做出很多不良行为。对智力障碍儿童的心理健康教育应建立在先进的教育理念基础上，特殊教育工作者应掌握专业知识和技能，要正确认识和看待儿童的各种心理问题，意识到自己的多重角色地位。

特殊教育工作者应该鉴别并区分智力障碍儿童心理问题的性质和程度，判断哪些问题可以在校内解决、哪些问题需要做到早发现、早转介，进行及时诊断与干预的。平日里，特殊教育工作者应该仔细观察，及时向家长反映可疑情况，并向学校的心理辅导室进行咨询。

1. 智力障碍儿情绪失控的矫治方法

智力障碍儿童一般具有生理上的病理基础，有时很难找到引发他们心理问题的直接外界原因。较严重的情绪行为问题（如频繁发生的严重情绪行为异常等）是由生物学病理基础引起的，通常来讲，要想达到预期效果，仅仅通过特殊教育和训练是不够的，往往需要一些药物辅助治疗。但通过特殊教育和训练通常能够有效控制和改善轻度的情绪行为问题。

①寻找可能导致其情绪失控的因素。

②善于使用行为改变技术。

③培养其书写习惯，从而有效避免情绪的爆发。

④转移其注意力，从而稳定其情绪。

挫败可能造成智力障碍儿童的暴怒行为，特殊教育工作者宜避免让儿童承受过多的挫败。当儿童显现出暴怒行为时，教师可把他带离现场，将他送到另一处小而安静的地方，这个地方没有玩具，也没有任何活动，可以为儿童提供充分休息的环境。儿童可以借此获得自我重组、自我控制的机会与空间。必要时，教师可坐在儿童的旁边陪他，以确保儿童安全。

2. 智力障碍儿童多动行为的矫治方法

一般而言，智力障碍儿童出现多动问题的原因有两个：①环境或学习的因素；②疾病。教师在处理儿童的多动问题时，必须找出原因，然后对症下药。

（1）由环境或学习因素引起的多动行为的矫治方法

教师必须考虑教材的难易程度是否适合学生，太难或太容易都会造成智力障碍儿童分心。另外，教法是否有不适当之处，教室外面的环境是否太过复杂，教室内的布置是否有太多会让儿童分心的玩具或物品，等等，也是教师需要关注和考虑的。

（2）由疾病引起的多动行为的矫治方法

有些疾病会引起多动行为，如多动症、智力障碍伴自闭症、精神分裂症等。教师和家长良好的行为管理技术可以缓解轻微多动症，严重者则需要药物控制并配合使用行为改变技术。而对伴有其他类型障碍如兴奋躁动、抽动症、神经症性障碍或精神病性障碍等的智力障碍儿童而言，疾病的存在直接妨碍着他们的生理、心理的健康发展。针对这类智力障碍儿童，应着重于主障碍的矫治，借助医学帮助，通过药物来辅助治疗。主要障碍若有所缓解，多动行为也会减少。

3. 智力障碍儿童自伤行为的教育方法

可能引起智力障碍儿童自伤行为的原因有：①智力障碍儿童想引起他人的注意和关心；②缺乏外界刺激而宁愿自我刺激；③疼痛感较为迟钝；④曾被虐待，以此方法来宣泄负向情绪或得到快感。较常见的自伤行为包括捏掐自己的皮肤或用嘴咬手臂，用手打脸颊、头，捶胸，头撞墙或地，用剪刀戳伤手、脚等。处理智力障碍儿童的自伤行为的方法大致有以下几种。

①尽量不要在教室中摆放危险物品，如剪刀、小刀、砖块、铁钉、绳子等，若一定要使用一些危险物品，也要妥善收藏。

②教师无法时时刻刻监视有自伤行为的儿童，需要训练班上其他同学替教师密切注意智力障碍儿童有无异常举动的出现。

③转移智力障碍儿童的注意力，为其安排其喜欢做的事。

④协助智力障碍儿童学习社交技术，从而增强其自信心。

⑤针对严重者，应采取隔离、药物控制、心理治疗等方法。

4. 智力障碍儿童刻板行为的矫治方法

刻板行为是指一种反复的、没有变化的、发生频率相当高的，而且不具有任何适应功能的反应。刻板行为的反应形式往往因人而异，但主要包括反复摇摆头、摇摆身体、复杂的手指动作、吮吸手指、在眼前摇动双手、用手指弹舌头以及玩弄细线等物体。这些行为又常被视为自我刺激行为，即刻板反应是个体自行寻找刺激的一种转换形式。针对刻板行为，有下列两种处理方法。

（1）增强其他行为的分化性

该方法包括两个要点：一是对良好的行为给予增强；二是对不良行为给予消退。例如，某智力障碍儿童喜欢吮吸大拇指，而且特别偏好听教师讲故事。针对这个儿童的刻板行为，教师应一旦发现他吮吸大拇指就立即停止讲故事，而当他拿笔写字或打球就给予赞美。

（2）增强对立行为的分化性

该方法主要是使良好行为和不良行为互相对立，使两种行为不可能同时发生。例如，教师一发现儿童吮吸手指，就指示其去拿东西，使儿童吮吸手指和拿东西两个动作不能同时进行，从而控制其不良行为。

第七章 学习障碍儿童心理健康

　　随着教育改革的深化和科研意识的增强，历经 200 多年发展的学习障碍研究已引起学术界的广泛关注。我国学者自 20 世纪 80 年代以来，在学习障碍儿童的心理、行为和教育问题上开展了大量的理论研究与实践工作，探讨了学习障碍的理论基础与教育途径，为学习障碍教育与训练的科学化和规范化提供了理论与实践的依据。学习障碍的研究为帮助学习障碍儿童摆脱困难，为促进教育的发展、提高教育的质量，提供了理论依据。学习障碍的研究已成为世界范围内基础教育的一个重要的科研课题。

第一节　儿童学习障碍的成因

一、生理因素

　　对学习障碍的研究发端于医学界对脑损伤的研究。病理因素是造成个体学习障碍的内在原因，主要是指中枢神经系统损伤、功能性紊乱以及轻微脑功能失调等。大脑某些区域的功能缺陷可能是导致个体对信息和符号辨别困难的根源，以致限制了个体正确和快速处理信息的能力；生化因素也会对个体学业产生影响，如铅中毒会降低儿童的学习能力等。

　　随着医学技术的发展，目前国内外一些研究者在认知神经基础上采用功能性磁共振成像、事件相关电位等脑电技术探讨阅读障碍儿童局部功能缺陷所涉及的脑区，研究发现，阅读障碍儿童普遍存在局部脑血流量代谢异常和脑功能缺陷的问题，特定的脑区功能异常可能是儿童阅读障碍发生的生物基础。

　　人们对学习障碍儿童的误解有如下几种。

　　①所有学习障碍儿童都有脑损伤（事实：许多专家认为，学习障碍儿童患有中枢神经系统功能失调，即大脑功能异常，组织并没有真正受损）。

②大众对学习障碍的病因所知甚少（事实：尽管没有任何一个简单的临床测验可以确定学习障碍个体的病因，但近年来的研究有力地指出，与神经功能失调相关的病因可能是基因、致畸剂或医疗因素）。

③大众无须关注学习障碍儿童的社会性情绪健康，因为他们的障碍出现在学业上（事实：许多学习障碍儿童也有社会性情绪方面的问题）。

④大多数学习障碍儿童成年后就不再有学习障碍（事实：学习障碍者的学习障碍大多持续至成年期，大多数成功的学习障碍者能够适应他们的障碍，并通过极大努力来控制他们的生活）。

二、心理因素

（一）视觉缺陷

1961年之前，"先天性词盲"被认为是当代所说的阅读障碍，可以被理解为一种视觉障碍。随后，有研究者试图从视觉通路障碍的层面探讨阅读障碍的成因。有研究者认为，视觉信息通过大细胞通路、小细胞通路和视觉细胞三个主要的通路进入纹状皮层，通过背侧流和腹部流输送信息，并分别将信息投影到顶叶和颞叶，而阅读障碍者在视觉形态下加工快速改变的刺激时，存在一个特殊的大细胞系统障碍。

也有研究者认为，阅读障碍儿童的阅读困难可能是由视觉系统缺陷（大细胞缺陷）造成的，而听觉缺陷可能加重这种症状，如果视觉的重要区域中大细胞的密度降低，就会造成大细胞通路缺陷，进而导致阅读障碍。

相关研究显示，阅读障碍的视觉缺陷与背侧流有关，而背侧流则被认为与空间位置、运动、深度有关。

（二）听觉缺陷

造成阅读障碍的听觉缺陷主要是语音加工缺陷。语音加工缺陷具有以下三个特征。

第一个特征是语音意识差，涉及有意识地接收、注意和操作的语音。

第二个特征是从长时记忆中检索语音编码的速度慢。

第三个特征是言语短时记忆差。

心理学界对于语音缺陷与阅读障碍间的因果关系是有争议的，语音缺陷可能是使阅读障碍病情加重的一个原因，但不是根本的病因，这一问题还有待进一步的研究。

（三）注意力缺陷

学习障碍与注意缺陷是密不可分的，且学习障碍儿童在注意选择、注意转移和注意分配上均存在缺陷。

一项研究发现，发展性阅读障碍儿童在听觉和视觉加工过程中所表现出来的空间定位缺陷源于更为一般的知觉选择缺陷，也就是注意缺陷，会扰乱儿童语言和正字法能力的正常发展。

另外一项研究发现，阅读障碍是由视觉广度的缩小导致的。

（四）记忆障碍

学习障碍儿童的工作记忆、长时记忆等都存在一定的缺陷。研究表明，阅读困难儿童的工作记忆能力发展缓慢，并且阅读技巧的发展也受到严重阻碍。一项为期三年的追踪研究发现，阅读熟练儿童比阅读困难儿童有更大的工作记忆的增长幅度，而其症结主要在于阅读困难儿童工作记忆执行能力的提高速度缓慢。以上这些研究均支持了发展性阅读障碍者普遍存在工作记忆缺陷的观点。

三、环境因素

尽管环境因素不是造成学习障碍的主要原因，但是儿童早期发展阶段的环境影响与儿童在学校中的学业成就之间存在相关性。

（一）家庭环境

家庭常常被认为是儿童心理发展的社会化过程中最有影响力的因素。相关学者曾指出，不良的家庭环境和教养方式往往会导致儿童学业成绩不良、品德不良和行为异常等情况出现，并对社会性发展产生消极影响；同时，学习障碍儿童的家庭资源、学习动机和认知发展之间存在因果关系。

父母家教不当和家庭环境不良易使儿童产生心理不平衡及各种心理障碍，会影响儿童的思维方式、情绪活动和注意力等，从而造成儿童的学习障碍；学习障碍儿童的父母教养方式普遍存在父亲惩罚严厉、决绝否认，母亲保护过度、干涉和惩罚严厉等特点，尤其在低文化、低收入的家庭中，父母缺乏有效的教育方法，对子女过分苛求、严厉斥责的情况更加明显；家庭氛围紧张也会使儿童心灵受到伤害，诱发儿童的心理问题，降低儿童的学习动力，造成儿童的学习障碍。

除此之外，家庭成员的关系对儿童的影响也是不容忽视的。相关学者指出，生活在单亲家庭中的儿童心理负担较重，不容易全身心且轻松地投入学习，易产生学习障碍。

（二）学校环境

由于教师对儿童管教方式存在着一定的差异，导致儿童所表现出的行为特征也就不尽相同。可以说，教师对儿童的期望以及态度，会对儿童的学习态度以及学习效果产生直接影响，教师的教学能力与水平也会对儿童学习效果产生直接影响。

部分儿童可能学习自觉性稍差一些或考试成绩差一些，教师若是对这些儿童持有歧视的态度，其他儿童也会受到这种氛围的干扰，开始效仿教师的行为。这样会严重伤害到上述能力较弱的儿童，使儿童自尊心严重受挫，产生自卑心理，出现不同程度的学习障碍，更甚者会出现抑郁等精神类疾病。

除此之外，还有一部分儿童本身是没有什么问题的，只是由于教师的授课形式或是授课内容等并不是很适合他们，导致他们的学习效果会比普通的儿童较差一些。比如，有一部分教师只顾及班级中优秀儿童学习的进度，而忽视了学习障碍儿童，完全没有考虑到每个儿童存在的差异，导致儿童失去学习兴趣，没有了学习动力，再加之得不到适当的指导，学习障碍症状会加重。

（三）社会环境

社会环境对儿童的影响没有学校环境、家庭环境对儿童的影响那么直接，但是仍可以通过儿童所接触的同伴群体、社区环境、大众传媒等对儿童产生间接的影响。赵志勇指出，社会环境可能会成为诱发儿童放弃学业的不良因素；随着儿童交往范围的扩大，同伴群体逐渐发展起来，如果儿童交往同伴的学习态度不端正、学习行为不良、品行不端，那么他们极有可能因受到不良同伴的影响而出现学习问题，有的儿童甚至会表现出严重的行为问题。

网络对儿童的影响也是不容忽视的。由于儿童缺乏对信息的鉴别能力，易受不良信息的影响，难以判断信息的真假，容易产生对网络的依赖性，有些儿童甚至沉迷于网络不能自拔，这使得一些儿童对学习失去兴趣，从而影响了儿童的学业。

四、个体因素

学习障碍儿童自身的某些因素也可能导致其表现出学习障碍的各种问题。例如，学习障碍儿童往往缺乏强烈的学习动机，养成了不良的学习习惯，缺乏有效的学习方法和技巧，以致其学习成就感弱。同时，由于错误的归因，学习障碍使儿童丧失自信，产生焦虑情绪，无法顺利完成学习任务，从而加剧了自身的学习问题。刘全礼对 52 名学习障碍儿童的成因分析发现，24% 的学习障碍儿童的学业不良与主观努力不够有关，53.5% 的学习障碍儿童未形成良好的学习习惯。由此可见，学习障碍在一定程度上与个体的某些因素密不可分。

第二节　学习障碍儿童的心理问题及其产生原因

一、什么是学习障碍

学习障碍又被称为学习困难，指一个人获得或者运用听、说、读、写、推理、拼写、计算等方面存在的明显障碍。它是一种隐形的或是看不见的障碍。学习障碍主要包括注意力不集中、反应迟钝、写字困难、作业迟缓、空间感觉差、难以理解文章、读书漏字、速度慢等症状，实质上是学习能力的缺失和失调。

学习障碍是隐性缺陷，为个体所固有，有一些缺陷是会伴随终身的，如果学龄前儿童具有学习障碍，是很难被发现的，一般而言，它会在儿童入学后渐渐显现出来。据国内外报道，学习障碍儿童的患病率为 6.7% ～ 18.8%，占所有身心障碍儿童的 42% 以上，且呈上升趋势。一些研究者通过对学习障碍儿童的性别进行研究发现，男性明显多于女性，比例约为 4：1。

需要关注的是，人们要将学习障碍与智力发展障碍、自闭症谱系障碍儿童区别开来。学习障碍儿童不存在严重的先天性发展障碍，而更多的受学习策略和认知结构的影响。目前学习障碍已成为影响学龄儿童认知、人格发展以及心理健康发展的重要问题。

二、学习障碍的分类

（一）学业性学习障碍和发展性学习障碍

1. 学业性学习障碍

从课程学习的角度来看，学业性学习障碍是指儿童在各学科的学习过程中或在各种学习技能上出现的障碍，它会影响学业上的成绩表现，以及读书、拼写和书写的表现，包括写字和算术等能力上的障碍。从课程学习的角度来看，学术学习障碍影响各学科儿童的学习内容、学习过程或各种学习技能，进而影响儿童的学习成绩，包括儿童的阅读能力、拼写能力和写作能力、写作能力和算术能力。

2. 发展性学习障碍

发展性学习障碍又被称为神经心理性学习障碍，它指儿童在生长发育期间因心理发展异常而导致的学习困难。有的成为学业成就目标的基本学习能力带来的障碍。虽然在发展过程中，某些心理和语言能力的发展与正常的发展进程不同，但在发展某些认知能力方面是存在着一些差距的，这很可能成为发展性学习障碍。

（二）非言语型学习障碍与言语型学习障碍

研究发现，学习障碍儿童的言语智商（VIQ）、操作智商（PIQ）和全量表智商（FIQ）均显著低于正常儿童，且言语智商与操作智商的分离现象较为普遍。

美国神经心理学家迈克尔巴斯特把言语智商明显小于操作智商的学习障碍归为言语型学习障碍（VLD），言语型学习障碍包括语言理解障碍、语言表达障碍、阅读障碍、书写障碍和计算障碍等类型。把操作智商小于言语智商的学习障碍归为非言语型学习障碍（NLD），也就是说，非言语型学习障碍儿童的非言语或基于操作的信息接收受到不同程度的阻碍，导致视觉空间、直觉、组织、评价和整体加工功能下降。这类儿童容易做出反社会行为，有关专家推测这是右脑半球功能的某种失调所致，故又称非言语型障碍为"右脑综合征"。

学习障碍儿童指那些有一种或几种基本心理过程障碍的儿童，该心理过程障碍会影响理解和使用口头语言和书面语言，并通过儿童在听、说、读、写、推理、拼写、计算等方面的能力的不健全表现出来。一般来说，这类儿童感官、肢体、智力是健全的，虽然有的学习障碍儿童同时存在其他缺陷，但他们的学习问题并不是直接由其他缺陷引起的。由其他残疾引起的学习障碍不包括在学习障碍儿童概念的范畴内。

学习障碍儿童在学习语文、数学等课程上与正常孩子相比，有如下特点：①通过特定的行为表现，或者能力与学业成绩与正常孩子相比有显著的差距；②学习障碍不是因为智力落后、感官缺陷、情绪问题或缺乏学习机会而引起；③不能通过普通教育的教学方法得到补偿，而需要特殊的教学方法。

三、学习障碍儿童的心理行为特征

（一）学业方面有问题

学习障碍儿童学业方面的问题包括：①阅读能力困难；②抄写、拼字和作文有问题；③口语能力有问题，主要表现在语法、语意、语用及音韵等方面；

④在数学计算和数学问题解决上存在困难。

（二）知觉统合方面有问题

学习障碍儿童的视知觉和听知觉上有问题，包括动作能力（粗大和精细动作）的身体活动有困难等。

（三）注意力和行为异常

学习障碍儿童在注意力和行为上会表现出的异常包括注意力集中时间较短暂、纪律性差、易分心、好动或坐不住、冲动或控制力差、小动作较多等。

（四）记忆、认知和后设认知能力有问题

学习障碍儿童的记忆、认知和后设认知能力方面的问题主要有：①认知能力、认知策略和对现有资源的认知加工有问题；②自我调节能力有问题；③无法使用策略，如对字词分类来背诵等；④思维紊乱，导致在学校和家庭生活组织及计划上出现问题。

尽管学习障碍儿童智力正常，但其认知功能的发展通常存在显著的失调与不平衡。国内外的大量研究发现，学习障碍儿童在感觉、知觉、认知加工速度、记忆、元认知、认知风格与智力结构等方面均表现出滞后或失常。从智力结构的角度看，学习障碍儿童在语言和抽象思维方面的发展滞后。除此之外，学习障碍儿童在自我概念、归因和社会信息感知等方面存在困难。

（五）有明显的社会情意问题

有的学习障碍儿童会因社会认知不足，而误解他人的情感。在社会关系的知觉上，学习障碍儿童倾向于低估亲子关系、同伴关系与师生关系，这反映出他们在社会关系体验上的不良状况。对重要社会关系的不良体验往往进一步加剧他们对自我的偏低评价情况。

（六）动机方面有问题

学习障碍儿童容易受到外在因素的影响，容易进行负面的归因，倾向于放弃或丧失动机，有发展学习无助的危险性。

四、学习障碍儿童主要的心理问题

（一）抑郁和自卑

学习障碍儿童的心理表现大多为厌烦、压抑，处于一种无可奈何的被动学

习状态。一方面，他们没有学习的兴趣，往往表现为沉默寡言，孤苦自怜；另一方面，他们常常在学习过程中遭受挫折，对学习失去信心，产生自卑感。他们常常与成绩优秀的孩子相比，产生了"我不行"的自我暗示，其自卑感日益增强。

（二）迷惘与矛盾

一部分属于能力型、基础型的学习障碍儿童也想学好，但由于基础不好或学习技能差、方法不当，虽然很努力，结果都总是不尽如人意，因而常常感到无所适从，产生了受挫心理。

有些学习障碍儿童内心的成就感与学习的期望值差距较大。他们往往学习成绩比较差，但在其内心深处，却又希望自己也能像学习成绩优良的同学那样，得到老师、同学、家长的重视与肯定，因而在暗地里下功夫努力学习，可收效不大，因此常处于深深的迷惘与矛盾之中。

（三）自我安慰与侥幸

学习障碍儿童有时会表现出意志薄弱的问题，他们常常会控制不住自己的行为。这些儿童通常会对自己进行安慰，觉得自己虽然学习不好，但还有其他的长处，认为自己不算最差的，还有些比自己差的同学。

（四）逆反与嫉妒

大多数学习障碍儿童都会或多或少受到歧视，这种歧视会引发他们的叛逆心理，与此同时，还会使他们滋生出嫉妒心理。在产生嫉妒心理后，便会对别人产生不服气、怨恨的情感或是对对方做出的任何事情都感到不满等。

（五）焦虑和放纵

在现实生活中，大部分学习障碍儿童也希望自己能够学习好，这便给了自己一种无形的压力，使自己每天都处于忧心忡忡的情绪中，害怕自己会赶不上其他儿童。有些儿童甚至会在心中发无名之火，反而致使学习成绩一直没有好转，甚至出现了下降的倾向。但面对这种情况，学习障碍儿童一次次原谅自己、放纵自己，听天由命，自甘落后。

五、学习障碍儿童心理问题产生的原因

学习障碍儿童的心理行为问题多半是衍生性的，由于其原生性障碍（学习障碍）的缘故，不仅会导致其学业不良及学习过程中的问题，而且会由此衍生

出一系列情绪、行为问题。在学习障碍儿童成长过程中，这些问题又容易被家长和教育者所忽视，致使学习障碍儿童的心理行为问题更加严重。

导致学习障碍儿童心理问题的原因大致可分为病理因素和环境因素两大类。病理因素主要指生理方面的缺陷（如脑功能失调、遗传基因、生化因素、营养不良等）和心理方面的缺陷（如视听感知能力不足、听觉辨别力差、注意缺陷、理解能力发展迟缓、语言发展迟缓、概括和判断能力差等），环境因素主要指环境的不良影响（如家庭压力、缺乏学校生活经验、教育方法不当等）。学习障碍儿童的心理问题通常不是由单一原因引起的，而是多种原因综合作用的结果。

（一）病理因素

大量相关研究发现，学习障碍可能是由脑损伤、出生前脑发育不良、遗传或生化障碍等引起的。这些因素中的任何一个都会在不同程度上影响儿童能力的发展。

除了生理性要素对学习障碍儿童的学习产生某种程度的影响之外，学习问题还有可能是由潜在的心理失调和停滞引起的。注意缺陷、感觉统合失调等不仅从智力方面造成儿童的学习障碍，也会引发儿童学习过程中的诸多行为问题，进而影响其内在心理，使其易出现自我态度低落、挫折容忍度降低等一系列的心理问题。

1. 学习态度不端正

心理学研究表明，在一定条件下，儿童的学习态度与学习成绩成正比关系。学习障碍儿童由于长期处于低落状态，其学习动机低下，学习兴趣不浓，学习态度不良，学习不努力，从而导致其学习成绩一直不理想。

2. 情绪和情感消极

导致学习障碍儿童出现情绪问题的原因主要有以下几个。①消极的情绪体验。学习障碍儿童由于学习失败受到批评训斥，于是产生消极情绪，把学习视为一种负担；②过度焦虑。学习障碍儿童由于害怕学习失败而过度焦虑，从而使学习成绩更加落后；③自尊心过强与严重自卑。由于他们在学习中遭遇过多的失败，自尊心不断受到伤害，导致其自信心下降，严重自卑，这种消极情绪严重妨碍了学习；④地位低下。由于在班级里地位低下，于是产生压抑感，表现为对学习冷漠，对周围的人和事产生对立情绪。

3. 意志薄弱

研究表明，学习障碍儿童在一切需要意志和努力的活动面前表现被动，常依赖于教师和家长的督促，学习上缺乏持之以恒的精神，难以完成学习任务。由于长期的学业失败经历，学习障碍儿童在学习过程中产生畏惧心理，意志薄弱，惧怕挫折。

4. 性格不良

性格不良主要有以下表现。①不能正确对待别人，有一种"我即中心"的优越感，自私自利，对教师不尊敬，对同学不友好，因而师生关系不融洽，同学关系紧张。这种不良的人际关系使他们难以接受教师的指导，也较难得到同学的帮助。②不能正确对待自己。有的儿童对自己估计过高，爱耍小聪明，目中无人，眼高手低；有的儿童对自己估计过低，总认为自己不如别人，对学习缺乏信心。③气质偏颇。有的儿童的高级神经活动不容易保持平衡状态，常有神经质表现，如容易被激怒而失去自制，情感脆弱而自卑等。

因此，学习障碍儿童比一般儿童的外控分数高，即当他们成功时会倾向于把原因归于无法控制的因素，如运气、智力等；失败时则将结果归因于是自己缺乏能力、问题难度大等。当他们面临学业及社交上的失败时，便容易产生焦虑和沮丧等消极情绪。

事实上，多数有情绪问题的学习障碍儿童的自我概念都比一般儿童差，成就感较弱而挫折感较强。学业上的失败及同伴的拒绝等，使得学习障碍儿童渐渐失去了对自己的信心，甚至不相信能够通过自己的努力取得成功，对于自己拥有良好人际关系的期望更低；同时也因害怕失败而拒绝尝试或学习。

（二）环境因素

儿童生活的社会文化背景无疑对儿童的学习有一定的影响。家庭关系、社会阶层、受教育的程度、经济水平、学校教学环境等也是影响儿童学习与发展状况的重要因素。许多环境因素可以导致原本正常的儿童学习失调，或加剧儿童已经存在的心理问题。

由于多数学习障碍儿童经历了长期的学业失败、教师和家长的责罚和同伴的轻视，他们渐渐对自己失去了信心，其自我概念比一般儿童差，对良好人际关系的期望也低。此时，他们迫切需要良好的"支持系统"，即教师、家长和同伴的帮助。鼓励学习障碍儿童多发展学业之外的才能，并且给予其支持及鼓励，使其在和同伴比较时能找回自信心。最重要的是，教师、家长应重视其学习过程而非只看成果，应和智力障碍儿童共同分析学习过程中存在的问题，对症下药，让学习障碍儿童感到自己的努力没有白费。然而，教师与家长往往受某些因素的影响过于重视学业障碍儿童的学业成绩，在与学习障碍儿童的交往中更多采取消极方式（如命令、责罚、忽视甚至歧视等），而非协商、鼓励、支持的方式，因而加剧了学习障碍儿童的学业不良状况，导致其更多心理问题的产生。

所谓后天的环境不良包括教师不当的教学方式和家长不当的教养方式。这些环境因素不仅有可能使学习障碍儿童的学业不良状况更严重，而且会使学业障碍儿童产出一系列心理问题，甚至可能将本来没有学习障碍或智力正常的儿童，变成学习障碍儿童。学习障碍儿童从小在学业或人际交往方面就比普通儿童遭受了更多的挫折，一方面缺少周围人的鼓励，另一方面自己又缺乏反思、评价自我的能力，所以在失败多次之后，自信心会降低，把失败归于"我的智力比别人差"或"我的运气一直不好"等外控的原因。长此以往，形成恶性循环。

总之，学习障碍儿童心理问题的原因是多方面的。这些因素可以单独起作用，也可能交互发挥作用。尽管相关学者在分析学习障碍儿童心理问题的产生原因时，一般是把各种原因单独解释，但在诊断与教育实际中，则必须对这些原因做全面、详尽的分析，搞清其作用的过程，为更好地开展学习障碍儿童心理问题的预防与矫治工作提供决策依据。

第三节 学习障碍儿童心理健康教育

一、学习障碍儿童心理健康教育对家庭的要求

（一）家长应有信心

首先，家长需要对自己的孩子有信心，同时也要对自己有信心。对儿童有信心是指要相信孩子是最棒的，孩子一定能做好；对自己有信心是指要相信自己能够陪伴孩子渡过难关，有信心教育好孩子。这样也会给孩子带来一个积极的成长环境，孩子会因为家长给予的信心而更加努力学习。

（二）家长应有毅力

当家长发现孩子有学习障碍问题或是有这方面倾向时，需要做好充分的心理准备，要知道，学习障碍很有可能会伴随终身，因为由它所造成的困难是会根据成长阶段的不同而随之改变的，家长千万不要因为一两次努力后的失败就彻底放弃，要有毅力。

（三）家长应有耐心

由于儿童的年龄比较小，生理以及心理的发育都还很不成熟，自控能力相对来讲也比较差，所以，儿童常常因为受到挫折而自暴自弃，有些儿童还会出现情绪失控的情况，这时，便需要家长的帮助，家长要有耐心地对儿童进行心理疏导以及提供其他帮助。

（四）家长应有平常心

当得知自己孩子有学习障碍时，家长一定要学会冷静，用理性来面对问题，尽量避免给家庭带来焦虑的紧张气氛，不要将全部精力都放在儿童障碍的解决上，而放弃了正常生活以及自我发展和社交活动；同时，也不要因为孩子学习成绩不理想而剥夺他们社交以及游戏活动等。

（五）父母双方要协调一致

对于孩子的家庭教育，父亲和母亲的理念和方法也有可能不一致。父母双方应随时沟通商量和合作，以解决在教养观念和方法上的矛盾。

二、学习障碍儿童心理健康教育对学校的要求

（一）包容与接纳

学习障碍儿童由于其特殊的困难，在几个方面耗费了比普通人更多的精力，过度劳累不能长时间集中注意力，学习能力差，但学校不能因此排斥，甚至歧视学习障碍儿童，而应包容与接纳他们。

（二）帮助儿童克服其困难或提供变通方式

做阅读理解题、应用题等，一般会让学习障碍儿童感到非常困难，教师可以给予其更充裕的时间，也可以防止孩子因感觉过度困难而产生很大的挫折感，帮助儿童克服困难。

（三）改善注意力不集中的情况

由于学习障碍儿童具有注意力不集中的特点，所以教师可以将该类儿童安置在教室前排，必要时，可以对该类儿童进行一些针对性的注意力集中训练等。

（四）简化指令

大多数学习障碍儿童在语言理解能力上都会出现一些偏差，对于较为复杂

的语句会难以理解，所以，教师应尽量避免较为复杂的指令，多给儿童一些简化性的指令或者说明，也可以为该类儿童提供一些提高语言理解能力的训练。

（五）提供成功的机会

在学习障碍儿童中，一部分儿童会有自卑的心理，这主要是由于其以往失败次数较多造成的，针对这种情况，教师可以有意地给予儿童一些赞美或是鼓励，也可以多为儿童提供成功学习的机会，以帮助儿童建立自信心。

（六）注意个别差异

世上没有完全相同的两片叶子，这是众所周知的事实，人也如此，每个儿童都有属于自己的特征，所以，教师应根据每个儿童的具体情况进行教学，除此之外，教师也可以多跟家长或是专家联系，这样能够更加深入的了解儿童的特点。

同时，学校应建立儿童心理健康的预防和矫治机构。在积极推进预防工作的同时，学校对已经存在学习障碍的儿童，要有正确的认识，并切实采取矫治措施，从研究教育策略与开展心理健康教育两方面同时着手进行矫治。

（七）通过训练帮助儿童克服学习障碍

1. 学习策略训练

学习策略指在学习过程中，学习者为了提高学习质量和学习效率而有意识地制订和使用的计划和方案。按照美国心理学家瑟洛的说法，学习策略有两种基本成分：一种是基本策略，即学习者对学习内容的领会和记忆策略；另一种是辅助性策略，即学习者为了维持学习活动的正常进行而采用的诸如学习计划与安排、学习过程的自我监控等策略。学习障碍儿童大多数均具备一定的学习潜力，可是他们一般没有明确的学习计划和学习目标，自我检查学习过程的能力很差。

有研究表明，学习障碍儿童的潜能与实际表现之间之所以存在明显差距，是因为他们在学习过程中处于消极、被动的状态，不会使用有效的学习策略。如果提高其学习策略使用水平，使他们养成主动的、自我控制型的学习习惯，他们的学习状况是能够被改善的。国内外的不少学者曾对学习障碍儿童进行过许多学习策略训练，取得了一定的效果。

2. 归因训练

归因训练就是教师针对儿童在学习成败情景中的归因特点而设计的教育策略。例如，教师可在每次考试结束后设计一些归因训练，引导学习障碍儿童做出正确、恰当的归因，使学生尽量将学习上任何一点进步都归因于努力，而避免其将学习失败归因于任务难度大、运气不好等外部因素，以此激发起他们的学习动机。

可见，归因对人的情绪和行为有很大的影响。如果一个人把成功归因于自己的努力，就会感到自豪；而如果一个人把失败归因于自己的无能为力，则会灰心丧气。归因理论认为，学习障碍儿童往往把学习障碍归因于外部的、不可控的、不稳定的因素，归因于自己无能为力的外部因素，如学习条件不好、教师教学水平低下、学习难度太大等。这样就会导致他们自尊水平低，自我概念消极，对学习提不起兴趣。

3. 策略训练认知监控

认知监控策略的训练内容具体可分为注意与监控训练、观察与监控训练、复述与监控训练、精制与监控训练、组织与监控训练、求异与监控训练。认知监控训练是通过认知加工流程图来实现的，如在精制加工流程图中，要求儿童运用监控策略对自己的认知过程的每一个环节进行评价与调节，直到自己满意为止。

（八）通过心理咨询帮助学习障碍儿童排除情绪障碍

在学习活动中，学习障碍儿童的认知和情绪都存在着一定的障碍，其中个体的情绪因素对认知活动具有重要的调控功能。一个具有学习内动力和意志力的儿童，即使智力水平不高，也会因为有较强的求知欲、较高的自我期望和克服困难的毅力而取得良好的学习效果。学习障碍儿童中的大多数人对学习没有兴趣，求知欲低，意志力差。正因为他们缺少学习的内动力和意志力，才造成学习行为消极，从而导致学习障碍。因此，心理老师在对学习障碍儿童进行心理咨询时，除了要帮助他们排除认知障碍，提高其学习能力，使其掌握学习方法之外，更要调整他们的情绪，激发他们的内在学习动机，帮助他们克服学习障碍。

第八章 情绪与行为障碍儿童心理健康

在特殊儿童群体中，情绪与行为障碍儿童也是其中的一个重要类型。情绪与行为障碍儿童通常在情绪上存在一定的障碍，并表现出一定的问题行为。而情绪与行为上的障碍，也对他们的学习、生活、交往产生了不利影响。对情绪与行为障碍儿童进行一定的心理干预，对于帮助他们健康成长具有积极的意义。

第一节 儿童情绪与行为障碍产生原因

一、个体因素

（一）基因因素

儿童从父母身上遗传了许多生理特质，当然也会遗传父母的行为特征，如走路的形态、说话的神态、写字的姿势等，这些遗传都源于人类的基因。相关研究指出基因对发展性的行为有着很重要的影响，无论是期望的行为或是不期望的行为，由于人类遗传的天性，所有人类行为在下一代中得到体现。从克隆（复制）动物的研究中，人们已经对基因有许多了解，21 世纪后，基因的研究方向在于解释基因是如何被遗传的，进而通过生物医学技术来进行基因工程，改变不期待行为的遗传。虽然如此，科学家也发现不能用基因因素来解释人类的所有行为，不能做单一因素归因。

情绪与行为障碍不单只有一个成因，除了基因因素外，还要从其他影响因素来探讨情绪与行为障碍产生的原因。

（二）脑伤

胎儿出生前、出生过程和出生后，大脑都有可能受到损伤，进而可能会导致儿童后来本质上的反社会行为。在胎儿期或婴儿期受到病毒感染、出生前后受到外力损伤、高烧不退、有毒的化学物质侵蚀和意外事件等，都会造成大脑损伤。大脑受损可能会造成儿童的情绪与行为问题，包括做出不适当行为，解读社会信息能力弱，容易疲倦、生气或有挫折感，无缘由地害怕或焦虑，易发脾气或过度兴奋，出现夸张的情绪反应或抑郁的情绪，想法固执、无法弹性变通，等等。但是儿童的情绪与行为问题不见得都由脑功能失常所致。

（三）其他健康因素

营养不良指的是营养不足与营养过剩的状况。来自贫民区的儿童往往会出现严重的营养不良的症状，营养不良也会出现在过度挑食的母亲或婴幼儿身上，它对儿童肢体与认知成长影响很大，特别是对胎儿与婴幼儿的影响更甚。

营养不良现象也容易造成儿童的情绪与行为问题，例如：糖分过多的食物，容易强化儿童的冲动与多动行为；儿童体内如果缺乏维生素 B、矿物质，就容易造成儿童过敏、情绪不稳定与问题行为；等等。此外，营养不良也会造成儿童认知行为问题，如对刺激的反应迟钝、对周围环境与人的反应冷漠、容易出现社会退缩、拒绝环境、拒绝学习等问题。营养不良还会影响儿童的学业学习与社会学习，因此，为儿童提供合适且足够的营养物质十分重要。

目前为止，人们已经了解到某些食物容易造成儿童过敏，如牛奶、蛋、饮料，教师也发现儿童的过敏会导致他们的情绪与行为问题。虽然儿童可能需要控制某些食物的摄取量，然而，切勿因噎废食，均衡的营养才是关键。除了营养外，还有其他因素会影响情绪与行为障碍的产生，然而，不是所有的情绪与行为障碍的产生原因都包含健康因素。

（四）心理因素

影响情绪与行为障碍的因素也包括个人的心理因素，心理因素主要包括个体无意识的动机与行为表现间的冲突，如智力障碍、人格发展不健全和心理需求得不到满足等都可造成儿童的情绪与行为障碍。

智力障碍会导致儿童本身自我控制力不足、判断力弱、缺乏思考能力，进而容易产生情绪与行为问题或违法行为问题。从心理分析论的观点来探讨人格发展不健全的研究发现人格在孩子早期（6 岁之前）就已经形成了。个体早期的不愉快经验，如受虐、贫困、战争、家庭不和谐等，也是造成个体后来的情绪与行为异常的原因之一。根据马斯洛的需求层次理论可知，儿童在基本需求未能得到满足的情况下，如吃不饱、穿不暖时，较容易出现情绪与行为问题，此外，若高层次的需求无法得到满足，如爱与被爱的需求，儿童的自尊心与自信心也会受挫，容易产生自卑感，自暴自弃，自甘堕落，表现出情绪与行为问题。

二、社会环境因素

（一）家庭因素

在了解家庭因素前，首先要了解人类社会中家庭的基本功能有：提供儿童照顾与保护，规范与管理儿童的行为，传递未来社会生活中必要的知识与技能，促进家人间的互动，以及促进儿童自我理解，等等。因此，家庭的基本功能丧失可能会导致儿童的情绪与行为障碍。

对于情绪与行为障碍儿童的情绪与行为问题，许多教师往往容易将其归因于父母管教不当或教养方式不一致，其父母常会觉得自己非常无辜。父亲、母亲和子女是家庭组成的核心分子，家庭是一个小型的社会，儿童的家庭经验会影响到他在学校、社会的适应状况，因此，了解家庭特质是很重要的。了解家庭特质有助于预测情绪行为障碍儿童的情绪与行为。

儿童的家庭特质，包括家庭结构、家庭组成人员与家人间的互动，研究者可以从这些方面来探讨家庭是否存在高危险因素。借助高危因素的推测，研究者可以了解到情绪与行为障碍儿童的情绪与行为问题发生的原因，如家人的基因、家庭经济、家人间的互动、家庭管教等。值得注意的是，若家庭中的高危险因素简单，只有一两个因素，那么推测情绪与行为的因果关系还比较容易；但如果高危险因素有三个或三个以上，那么在它们的交互作用下，推论因果关系难上加难。

家庭成员人数、出生顺序、单亲家庭、再婚家庭与寄养家庭等家庭结构因素影响着儿童的行为；家人的健康状况、家人的社会经济地位、家庭组成人员的情况等，与儿童情绪、行为不无关系；家庭的管理与家规、儿童受虐情况、手足互动等家人互动因素，也相当值得关注；除此以外，家庭贫穷、父母失业、无家可归、社区环境不佳等因素，也是造成儿童情绪与行为问题的重要因素。

父母是儿童的第一任教师，儿童的行为深受父母的影响，有情绪与行为问题的父母一般会教养出情绪与行为障碍儿童，但是，情绪与行为障碍儿童的父母不一定会有情绪与行为问题。研究者对于情绪与行为障碍儿童的情绪与行为障碍不能做单一归因，还需要整合其他因素，如生化、心理、学校与社会文化等。

（二）学校因素

除了家庭以外，学校是影响情绪行为与障碍的最重要的社会因素，情绪与行为障碍儿童在校内最常见的状况就是，学业成就水平低与学校适应不佳。儿童入学后，他们的生活重心会逐渐转到学业学习以及同伴关系上，因此，对学校生活适应成功与否对他们相当重要。学业成功会为他们未来的社会发展奠定重要基础。许多情绪与行为障碍儿童的情绪与行为问题在入学前并不明显，入学后，由于学业学习压力增加与人际互动变得更加密切，导致情绪与行为问题越来越明显，需要教师加以关注并解决。

相关学者在探讨学校因素时，应该采取生态的观点，了解儿童自身与环境、环境中的师长、同学的互动状况。学校环境中的任何一个变相的改变，例如，天气、教室位置的改变，学校举行的特定活动的变更，更换任课教师，等等，都会直接或间接地影响儿童的学校适应行为。

学校因素中的儿童自身因素，包括智力因素、学习能力、学习成就等。研究显示，受到情绪与行为的影响，情绪行为障碍儿童的智力水平稍低于正常儿童；然而，智力测验结果不见得能代表他们的真实智力。有关研究也指出情绪行为障碍儿童的智力测验结果对他们未来成就和社会适应预测力，比被情绪困扰的普通儿童的智力测验结果的预测力低。有关学者建议多重视情绪与行为障碍儿童多元智能的表现，此外，也应该多关注他们的情绪智力的水平，提升他们对自我及他人情绪的认知能力。

在学校里，因为情绪行为障碍，儿童最明显的衍生问题为学业成就低，因为情绪与行为障碍儿童对学校与学习的动机不强，兴趣低，从而衍生为他们自信心、成就感不佳，于是造成他们的退学、辍学、逃学比率高，青少年犯罪率高等问题。通常情况下，成就测验用于评价儿童的学业成就，但情绪与行为障碍儿童则不适合采用标准化的成就评价，对于他们的学习成就评价，较适宜采用实证本位的课程本位评价方式。

社会交往能力也是影响情绪与行为障碍儿童学校适应行为的关键因素。几十年来，学者不断倡导通过社交技能的教学来提升情绪与行为障碍儿童的社会交往能力，让他们吸引同学愿意与他们交往，使他们克服自己的内在障碍以与环境中的同伴建立与维持正向的人际关系。社交技能的范围很广，包括倾听、流畅的会话、轮流交谈、共同参与活动、欢迎朋友、赞美他人、在社会情境中适当地说出自己的情绪帮助他人、遵守规则等，情绪与行为障碍儿童只有掌握了这些技能，才能完成学校内的学业并获得社会交往的成功。

除了学校因素中的儿童自身因素外，班级氛围也是很重要的因素。在班级氛围中，教师因素又是重要因素之一。儿童年纪越小，教师的期望、态度就越重要。教师态度又会影响班级同学对情绪与行为障碍儿童的态度，间接影响他们的人际交往及正常儿童对他们的接纳度。师生互动、教师的语言等因素都会影响儿童的归属感、自尊心与自我实现，从而造成儿童的情绪与行为障碍。

（三）社会文化因素

家庭、学校，甚至整个社会都会影响儿童的行为。儿童、家人与教师都是整个大社会环境中的成员，家长与教师的功能偏向于建立儿童的价值观与设定儿童的行为规范与期待方面，这些都是社会文化中的重要一环。而社会文化因素远远超过这些，还包括价值观、社会可接受行为、语言、非口语沟通的形态等。

有关社会文化的因素，首先涉及的是社会文化价值与标准的冲突。例如：电视节目的文化价值与标准可能会与教师在学校里教授的有所不同；高社会经济地位的社会文化标准与一般社会经济地位的社会文化标准会有所差距，因此，在这两个不相容的层次间来往的儿童，在行为模式或认知层次上可能会产生冲突，从而造成儿童的困扰。大众传播也是影响社会文化的因素。电脑科技产品、手机与电视是 21 世纪初传播媒介的主流，传播信息中不见得都是健康且适合儿童的信息，父母或教师稍一疏忽，儿童就可能会接触到不合适的传播资讯，从而造成情绪与行为障碍。同伴也是儿童接收信息与模仿学习的重要来源，因此同伴的不良影响也是导致情绪与行为障碍产生的重要因素之一。

第二节 情绪与行为障碍儿童的心理问题

一、什么是情绪与行为障碍

情绪与行为障碍，又称情绪困扰、行为异常、情绪缺陷、行为缺陷、社会和情绪不适应等，是指儿童或青少年在学校活动中持续性地表现出显著不适于其年龄或文化的情绪或行为反应，严重影响其学业成绩、社会交往及个人技能的发展，且不能用智力、感官和生理健康因素来解释，通常会在两种不同的环境背景下持续表现出来。

我国目前还没有对情绪与行为障碍做明确的定义。2006 年的第二次全国残疾人抽样调查将这一类人群部分归入了精神残疾中，并将精神残疾定义为，持续一年以上未痊愈的各类精神障碍，由于病人的认知、情感和行为障碍，影响其日常生活和社会参与。

关于情绪与行为障碍儿童的定义，可以参考美国心理健康与特殊教育联合会的定义，其所给出的定义表明，只要个体存在如下特征表现即可诊断为情绪与行为障碍。

①在学校日常生活中的情绪或行为反应，与适合其年龄的、文化的以及种

族的行为模式相比具有显著差异，并且，这种反应对其学业成就、社会适应、职业技能和个人技能的发展都具有负面影响。

②这种反应并非仅仅是对环境中压力事件的一种暂时性的、预期性的过激反应。

③在两种不同的环境中表现出一致的障碍，其中至少有一种障碍与学校有关。

④对普通教育的直接干预反应效果很差，或者说普通教育的干预对这种学生来说是低效的。

⑤此障碍可与其他几方面的障碍并存。

情绪与行为障碍这一术语包括影响儿童教育表现的精神分裂症、情感障碍、焦虑症以及其他持续性的行为或适应障碍。

二、情绪与行为障碍儿童的行为特征

情绪与行为障碍儿童具有异质性的行为特征，主要可分为外倾型情绪与行为障碍儿童的行为特征和内倾型情绪与行为障碍儿童的行为特征。

外倾型情绪与行为障碍儿童通常表现为固执、好斗、爱挑衅，可能存在反社会行为，这类儿童在学校的通常表现如下所示。

①打架斗殴，甚至于打群架，反复地出现攻击性行为。

②经常表现出冲动和缺乏自控的行为，喜欢乱喊乱叫、无理取闹、爱发脾气和抱怨。

③用言语或武力的方式胁迫同伴、欺负弱小同学，阻碍了良好的人际关系的维持和发展，因而常被排除在同伴活动之外。

④逃避要求或任务，经常说谎、强词夺理、争辩、不服从命令，不听从教师的教导，对纠错没有反应。

⑤无视组织纪律、损坏公物、有偷盗之类的不良行为和反社会行为。

⑥学习态度很不认真、不完成作业、学习成绩差。

内倾型情绪与行为障碍儿童的明显表现是社会性退缩、沮丧、自卑和焦虑，甚至陷入深度的抑郁之中。在日常生活中，内倾型情绪与行为障碍儿童的通常表现如下所示。

①经常表现出忧伤、沮丧。

②经常出现幻觉，无法使思维摆脱某种错误的观念和情景。

③无法克制自己停止一些重复和无用的行为。

④喜怒无常，在某种情境下经常表现出怪异的情感。

⑤由于恐惧或焦虑，经常伴随头疼或其他身心疾病（如胃疼、恶心、头晕、呕吐等）。

⑥曾有过自杀的想法和言谈，过分关注死亡。

⑦对学习和其他一切活动兴趣很低，多半为学业不良。

⑧常被同伴忽视或拒绝，或遭受过分地嘲笑、攻击和欺辱，但反抗性差。

另外，在学业领域，与其他障碍类型的儿童相比，情绪与行为障碍儿童往往成绩较差，学业失败的比率更高。在社会交往方面，情绪与行为障碍儿童比正常的同龄人更少对他人有同情心，更少参与课程活动，更少与朋友联系，因此很难拥有起高质量的友谊。由于情绪与行为障碍儿童缺乏保持和发展友谊的社会交往技巧，通常在学校的社会地位比较低，常常成为别人嘲笑和欺负的对象。

三、情绪与行为障碍儿童的主要心理问题

（一）情绪障碍

1. 情绪表达异常

情绪表达异常是情绪与行为障碍儿童最为常见的情绪层面的心理问题，具有外显及内隐两种表现形式。但教师不可根据儿童出现以上某一种外显或内隐的情绪表达异常表现而将该儿童界定为情绪与行为障碍儿童。

外显的异常情绪表达包括无缘由地哭泣，或无缘由地进入焦虑、惊恐、痛苦等外显的情绪状态。无缘由是指排除如分离焦虑、被批评误解、受到恐吓、父母离异、丧亲等应激状态下所导致的情绪的异常表达。外显的异常情绪表达较易被教师及家长发现，但内隐的异常情绪表达则不容易被发现。内隐的异常情绪表达常伴有焦虑、抑郁、恐惧、痛苦、悲伤等情绪体验，其表现十分隐匿，例如，过分安静，对任何活动缺乏兴趣与乐趣，似乎总是沉浸在自己的幻想之中，等等。一些小线索可以帮助教师和家长识别儿童的内隐异常情绪表达。例如，当教师提问时，该儿童每一次都不知道问题是什么，在有帮助的情况下仍长时间无法应答且面红耳赤；或者在多个充满兴奋快乐的情境下，该儿童均无法表现出相应的积极情绪。

2. 管理情绪能力较差

管理情绪指将识别情绪、表达情绪、理解情绪整合起来并与思维相结合，在思维的参与下共同指导行为。管理情绪包括个体识别自己现在有什么情绪，自己为什么会有这些情绪，自己该如何有效处理这些情绪。情绪与行为障碍儿

童的管理情绪能力较差，他们不但不能识别自己与他人的情绪，无法反思自己的情绪表达，更无法有效处理自己的异常情绪表达，甚至他们在他人的介入安抚下仍然较难从异常的情绪表达中回归到正常状态。

（二）行为障碍

1.反社会行为较多

情绪与行为障碍儿童的行为异常表现主要是反社会行为较多。主要包括不遵守规则（如在课堂上随意讲话、随意走动、不写作业、说谎等）、违抗指令（如不听话、不服从、过度争辩、抱怨、不理睬、不合作等）、攻击行为（如打人、骂人、摔东西、暴怒、喊叫、破坏公物、伤害他人等）等。需要说明的是，教师不可根据其中一点或几点就断定该儿童是情绪与行为障碍儿童。

2.反社会行为向精神或人格障碍转变

反社会行为在童年期一般均较为简单，且不稳定，往往可以通过早发现、早干预得以缓解或至少控制其不再恶化。但如果没有及时的教育干预或环境持续恶劣，反社会行为可能会随着儿童身心的不断发展而逐步转变为较为稳定的异常问题，甚至会转变为精神障碍或人格障碍，如青少年品行障碍、情感障碍等。

（三）语言障碍

情绪与行为障碍儿童一般都会有语言障碍，这个事实不难理解，因为行为也是一种沟通形式。在幼儿语言尚未发展之前，他们会用行为来表达他们的愿望及需求。对于情绪与行为障碍儿童是否存在口语表达及口语理解障碍这个问题，目前为止，尚无定论。然而，情绪与行为障碍儿童有语用问题及阅读障碍，已被医学界所证实。

（四）社交障碍

情绪与行为障碍儿童常觉得与人建立关系困难，无法与同学或教师建立并维持良好的人际关系，经常出现与人发生口角、打架、攻击、暴力、乱发脾气、任意指责与批评别人的行为。其就学期间与同伴、教师的人际问题会持续到进入社会。

一般而言，情绪与行为障碍儿童和同龄的正常儿童比较起来，社交技能都比较差，他们无法建立及维持与家人、同学及师长的关系，常会被班级同学、学校教师所拒绝与排斥。社交技能是人类在不同情境中进行活动及与人交往的基础，情绪行为障碍儿童因社交技能不佳而给自己带来很多麻烦，给家庭、同学及教师带来很大的困扰。

（五）认知障碍

情绪与行为障碍儿童的智力范围很广，从智力障碍到超常儿童皆有，多数儿童的智力在平均范围以内。在学校中，不论儿童的智力测验结果如何，他们共同的特征就是学习成就低。此外，情绪与行为障碍也有共病症的现象，常见共病症是学习障碍与注意力缺陷症候群。

（六）学业障碍

许多情绪行为障碍儿童有严重的学业学习困难，事实上，他们在学校里常表现为学业低成就，尤其听、说、读、写、算等技能明显落后；学校适应困难也是情绪与行为障碍儿童的严重问题，学业与适应困难是他们最基本、最明显的特质。情绪与行为障碍儿童在学业上的成就表现与学习障碍儿童几乎没有差异，因此需要对情绪行为障碍儿童在各个领域的学习提供支持。此外，情绪与行为障碍儿童在学业学习上的失败率及被降级率高，导致他们出现不愿意上学、逃避上学、辍学等，长此以往，就会导致社会问题的出现。

第三节　情绪与行为障碍儿童心理健康教育

一、情绪与行为障碍儿童的家庭心理健康教育

（一）行为干预

1. 以惩罚矫正不良行为

在不良行为首次出现时实施惩罚是最为有效的矫正不良行为的方式之一。惩罚即当不良行为出现时立即给一个不喜欢的刺激物或者不给（拿走）一个幼儿很喜欢的刺激物，从而防止不良行为的再次出现。例如，当儿童第一次偷了别人的东西时，家长应以最严厉的方式对其进行惩罚，从而使儿童的这一偷窃行为不再出现；再如，当儿童为达成某种无理要求而大哭时，家长可不予妥协，使儿童意识到这一方式并不是可以达到目的的有效方式，从而不再出现类似行为。

值得注意的是，很多家长对惩罚并不陌生，但是却觉得惩罚似乎没有积极的效果，只会造成更大的伤害，这是因为家长误用了惩罚。实施惩罚须注意以下几点。

其一，第一次的惩罚一定是最严厉的。比如，面对儿童偷窃行为，家长能想到的最严厉的惩罚是挨板子，那么当儿童第一次偷窃行为发生后，家长应给以最重的板子，对此很多家长容易忽视，在他们看来对于儿童初犯错误时可能用不着那么严厉地对其进行惩罚，于是会发现儿童会一而再再而三地犯，而家长也一次又一次地加重板子的力度，但这时会发现，尽管家长的板子已经非常重了，甚至伤害性很大了，依旧没有杜绝儿童的不良行为，对此笔者认为并不是惩罚本身无效，而是家长使用惩罚的方式错了。

其二，惩罚要可操作、可实施。比如，有些家长在惩罚儿童时，可能会表示再不听话就抛弃儿童等，但实际上这一惩罚只是一句难以实施的空话，效果可能不会很好。

其三，少用惩罚，不要重复使用，如果需要重复了一种惩罚物，则说明该惩罚物无效，应换其他惩罚物。

其四，惩罚前要明确该行为背后的原因。比如儿童大哭，如果只是一种对于不良情境的合理的情绪宣泄，则家长无需惩罚，但如果儿童是为达成某种不合理目的而使用的一种对抗方式，则家长可考虑通过不给予他想要的或拿走他所喜欢的方式实施惩罚。

2. 以奖励塑造良好行为

奖励在保持和增加儿童行为的发生次数的过程中起着极其重要的作用。奖励即当某行为出现时，给予儿童想要的或者拿走儿童不想要的刺激物，从而提高该行为的发生频率。

奖励的形式多样，不仅有物质奖励（如物品、金钱等），还可以有精神奖励（如拥抱、口头表扬、微笑等）。例如，当儿童主动收拾了凌乱的玩具时，若家长及时地给予口头表扬或微笑等奖励，便能够很好地促使儿童收拾玩具的行为再次发生。但需要注意的是，同惩罚一样，有效的奖励也是有条件的。

首先，奖励一定要及时，即当行为发生后，家长应当及时奖励，尤其对于低年龄儿童，推迟的奖励很可能让儿童疑惑奖励的是哪一种行为。当奖励与具体的行为相脱节时，奖励则失去了保持与强化的效用，如果儿童误解为家长奖励的是其他行为，则更可能错误地强化了某种不适当行为的发生。此外，奖励不及时有时可能发挥着相当于惩罚的作用，导致儿童该行为出现次数的减少。比如，儿童满心期待地收拾了玩具等待着家长的表扬，而家长看到了却没有给予任何反应，就可能会直接导致儿童下次不再收拾玩具。值得一提的是，有些家长还会在下次儿童没有收拾玩具时通过批评儿童对儿童的行为实施惩罚，殊不知儿童的行为完全是由自己先前的忽视造成的，从而使得儿童产生委屈、怨恨等心理，久而久之将导致自己与儿童的信任及亲密关系破裂，更加不利于对儿童的良好行为的塑造。

其次，奖励要明确，即要让儿童清楚地明白奖励的是哪一种行为。例如，儿童一周以来表现都很好，家长如果没有能够做到及时奖励，则在奖励时一定要明确奖励的具体行为是什么，如果不确定儿童能够明确奖励与具体行为之间的关系，不如先不奖励，等到儿童再次出现良好行为时，再进行及时奖励。

再次，奖励的刺激物应是儿童真正喜欢的、想要的。如果奖励的刺激物对儿童来说不重要，奖励效果也会大打折扣。

最后，奖励不可滥用。奖励的行为一定要值得奖励，切忌滥用奖励，否则甚至会出现相反的效果。比如曾经流行过的赏识教育，后来却一直被很多家长所诟病，其实并非赏识教育本身存在问题，而是家长对表扬的滥用导致了相反效果。

（二）情绪教育

1. 培养儿童识别他人情绪的能力

识别情绪看起来似乎很复杂，实际上人类天生便具有一定的情绪识别的能力。例如，刚刚出生一个月的小婴儿便能区分快乐和其他情绪，他们凝视快乐表情的时间要长于凝视其他表情的时间；三岁左右大时，他们便可以将某种面部表情与相应的情绪联系在一起，直到七八岁时发育成熟。有研究表明，幼儿还可以通过肢体语言来辨别他人的情绪，四岁左右的儿童便可以通过身体运动辨别他人的悲伤情绪，五岁大时可以辨别悲伤、恐惧与快乐的情绪，八岁大时几乎与成年人能力相当。但这也从一个侧面说明，人类的情绪识别能力并不会随着年龄或生活经验的增长而逐渐提升，相反，有研究表明，老年人的情绪识别能力反而会低于青壮年人。这意味着后天对儿童识别情绪能力的培养是必要的。在儿童早期，识别情绪能力培养更多等同于关注，即在儿童早期发展过程中，家长要有意识地引导儿童关注他人的情绪变化。例如，家长在与儿童互动过程中，当家长发生情绪变化时，可以将这种情绪的名称直接告知儿童，并让儿童注意到自己的面部表情与肢体形态等。有意识的关注有利于使儿童在发展过程中不断地练习其对情绪的识别能力，不断校正识别偏差。

2. 培养识别自我情绪的能力

识别自我情绪的能力是管理情绪能力的基石。在儿童早期发展过程中，家长同样可以通过引导儿童有意识地关注，以培养其识别自我情绪能力。例如，在儿童大笑时，家长可以一边给儿童的这种情绪命名并说给儿童听，一边让儿童通过照镜子等方式使儿童形成对大笑情绪生动的形象记忆。再如，在儿童生气时，家长可以一边命名该情绪，一边引导儿童通过摸摸心脏、照小镜子等方式切身体验各种识别情绪的参数在不同情绪上的变化。再如，在儿童伤心哭泣时，家长同样可以一边准确命名该情绪，一边引导儿童记住自己的这种感受，还可以逐渐引导儿童自己描述出这种感受，在此期间要注重引导儿童对识别情绪参数的关注。识别自我情绪能力的培养需要注意以下两个方面。

第一，与儿童的认知发展水平相匹配。对于低年龄儿童，家长只需引导其进行直观的形象记忆即可；待儿童可以理解事物之间的关联后，可以逐渐加入直观的参数变化，并使儿童将之与相应的情绪建立联系；而等儿童的这种联系建立较为丰富时，就可以引导儿童自己用语言描述情绪体验，家长要辅助遗漏的参数变化。

第二，重视对情绪的准确命名。家长不能认为儿童尚听不懂语言而因此忽略掉给情绪命名的环节；不能认为儿童尚无法建立语言与情绪间的联系，而因此忽略情绪命名的准确性。对情绪命名越准确细致，越有利于儿童建立丰富的表达情绪的词汇库，从而提升其表达情绪的能力，而这一切在识别情绪过程中就已经悄然开始了。

3. 培养表达情绪的能力

个体能否真实顺畅地表达情绪的另一个重要影响因素是个体是否接受和认可情绪，因此引导儿童接受和认可情绪，尤其是被贴上"消极"标签的情绪也是培养表达情绪能力的重要方面。现今的社会文明常常会提示人们，恐惧会使一个人显得怯懦、无力，悲伤会使一个人显得脆弱、无能，嫉妒会使一个人显得罪恶、阴险，……久而久之，恐惧、悲伤、嫉妒等情绪便被贴上了"消极""不可接受"等标签，人们在这些情绪产生时也便出现了"压抑住""不可表达""不去想"等应对方式，这便给自己表达情绪带来了较大的心理压力与阻碍。当儿童悲伤哭泣时，家长切忌勒令儿童停止哭泣，而应该通过共情去感受儿童正在体验的情绪，先安抚儿童的过激的情绪表达，然后再激发儿童自己解决问题的潜能，最后当儿童自己成功解决问题后，引导儿童意识到遇到困难后产生消极的情绪是正常的，每个人都会有消极的情绪，消极的情绪也是人类的好朋友，它有时可以帮助人类远离危险，避免不好的事情再次发生，人类可以和消极情绪做朋友，并在它的陪伴下成功地解决问题。值得一提的是，如果儿童在以往的成长过程中，已经形成了某种消极情绪表达的心理压力，通过简单的共情也难以让其表达真实情感，家长这时就需要借助有利于表达及宣泄消极情绪的心理疗法，如箱庭疗法、游戏疗法、音乐疗法、美术疗法等。

二、情绪与行为障碍儿童的学校心理健康教育

（一）学业干预

学业成绩表现不佳是情绪行为障碍儿童的特质之一，若不对其进行及时有效的干预，儿童的学业成就会每况愈下，从而导致他们对学习没有兴趣，在班级中作乱、捣蛋，妨碍同学上课，然后就会受到教师与学校的处分，进而导致其逃学、辍学等；即使进入社会后，也会由于读写能力不佳，情绪与行为障碍儿童无法谋得喜欢的工作，加上情绪行为问题，容易做出违法行为。由于儿童的问题行为明显，因此，教师干预的焦点主要是于儿童的行为，而忽略了他们在学业上的需求及行为发生时的前事与情境因素。多年来的实证经验让医学界与教育界了解到，特殊教育干预的品质体现为能经济、有效地对儿童进行干预及预防，因此，能防患于未然所达到的效率与经济性最佳，如进行前事的处理。学业干预也是如此。

到目前为止，对于情绪与行为障碍儿童学业学习的问题，相关研究探讨不深。相关学者建议可以先从情绪与行为障碍儿童上课专注行为着手，如听讲、独立做作业、讨论、活动转换等。学业干预时也需要结合行为改变技术及课程的调整，例如：如果儿童上课坐不住，老师在问问题时，可以多问他几次，让他有机会动一动；如果是儿童因为课程内容太难而坐不住，无法专心，那么教师可以向他问一些简单的问题，以增加他的参与信心。

学业的干预可以分为两个部分，即课程调整与教学的实施。课程就是儿童的学习内容，学习内容包含着为了提高学生所需的能力而被精心设计的训练内容、学习时需要使用的教材与学具等。对于参与普通课程的儿童，教师要增加他们进入课程的可能性，就需要考虑如何进行课程调整，以符合儿童的学习能力，并且提供儿童学习时必要的支持。在进行课程调整时，教师要了解儿童的学习能力，然后运用删除、简化、替代等方法，调整学习的内容，调整后的课程不能太难也不能太容易，需要让儿童觉得有挑战性。进行学习评价时，教师可以运用课程本位评价的方法，以评估儿童的学习表现。

研究指出，上课时，情绪行为障碍儿童的师生互动率很低，因此，教师在进行教学时，需要时时提醒自己增加与儿童的互动，以提升儿童的课堂参与度，而课堂参与度和学业成就之间有相关性。直接教学法是一种很好的能够提升儿童参与度的方法。直接教学法讲究结构化、程序化、次序化的教学，因此，教师在使用此方法时，应注意教学过程的节奏，频繁地对儿童进行更正与回馈，

不断为其提供机会以使其练习新学技能，提高儿童学业学习的参与度。这十分符合情绪与行为障碍儿童的需求。除了直接教学法外，教师还可以结合采用其他策略，如使用闪示卡、提供儿童操作教具、全班应答、同伴指导、小组讨论等。此外，课堂上的活动转换之间的时间很重要。情绪与行为障碍儿童此时常不知道要做什么，有时活动转换时间过长就会使其觉得无聊而做出问题行为。因此，教师在进行教学设计时，需要考虑到转换时间中，应平稳、快速地转换活动，以减少儿童的问题行为。

（二）社交教育

社交技能就是与人交往的能力，而社交技能教学就是教导儿童学习人际社会间可以被接受的行为，并避免做出不能被接受的行为。教师可以通过示范、模仿、直接教导、同伴教导等教学策略引导儿童。社交技能教学所教授的技能是要能被教导的行为，是具有社会效度的行为。教学的先决条件是让儿童成功适应学校生活的目标。教师要能有效地教导此技能，使情绪与行为障碍儿童能将此技能泛化于日常生活中。

教师在进行社交技能的教学之前，需要对儿童进行社交技能评价。教师通过直接观察、行为访谈、同学的行为检核与自我的行为检核等方法，来评价儿童需要的社交技能。此外，教师在进行社交技能的评价时，需要包含一般性的社交技能与个人特殊需求的社交技能。一般性技能包括打招呼、欢迎他人、道谢、道歉等，是大家在日常生活中都需要的社交技能则多为日常仪式化的技能，主要包括同伴间的社交技巧、取悦师长的技巧、表达的技巧、沟通的技巧以及自我相关的技巧。

个人特殊需求的社交技能因人而异，并且要与行为的情境相结合。例如，一个儿童表达能力不佳，加上家人常用忽视的方式来处理他的行为问题，导致当他想要某些物品时，只会用哭、大叫来表达需求，针对这种情况，教师要教导儿童用正确的方式表达需求。教师应将个人特殊需求的社交技能常与问题行为结合起来，故而需要通过行为的功能性分析，从问题行为中找出行为的功能性，进而直接教给情绪与行为障碍儿童社交技能或是寻找有效的替代行为，以解决儿童的问题。

社交技能教学被诟病的最大问题在于教学的成效较差。这个问题的主要原因在于泛化的不足以及泛化的不易。泛化是社交技能教学的关键，儿童学会社交技能而无泛化，就好比煮了半熟的米，浪费时间与能源，却派不上用场。教师可以从场域、功能两个面向来促进技能泛化。利用多场所进行教学，在教学中结合不同场所中有功能的中介物，以及利用场所中功能性的偶发事件，此三者为场域的泛化；功能性泛化即从事件中寻找互斥的变项，或者寻找提高社交技能的变项，来凸显社交技能的实用性与重要性。

第九章　自闭症儿童心理健康

无论是在文学作品还是在现实生活中，自闭症的出现频率都比较高。谈及自闭症，大多数人心中会出现"不善言辞""交流和语言障碍""重复进行刻板行为""只对有限活动感兴趣"等描述性词汇，其实这种描述是准确的，这些都是典型自闭症的明显病征。

第一节　自闭症儿童的心理问题及其产生原因

一、什么是自闭症

自闭症（Autism）又称孤独症，属于广泛性发展障碍的范畴，是一种由于神经系统失调导致的发育障碍，表现为普遍存在社会交往障碍、言语和非言语交流缺陷、兴趣狭窄和行为刻板等。自闭症的诊断主要依靠临床医生和研究者对个体的行为模式加以临床观察来进行，一般在儿童 2～3 岁后才能做出较为明确的诊断。对自闭症儿童的诊断中，比较常用的诊断手册为《国际疾病分类（第十版）》，我国结合了本国国情在《中国精神障碍分类与诊断标准（第三版）》中提出了自己的标准。由于患上自闭症的人缺乏社会交往的兴趣和能力，常沉浸在自我封闭的世界里，所以这种疾病被称为自闭症。自闭症一般发病于 3 岁之前，男孩患自闭症的比率比女孩高三至四倍，但女孩发病时的症状表现较男孩更为严重。

1911 年，瑞士精神病医生尤金·布鲁乐最早提出自闭症一词，他将孤独性的退缩、拒绝交往及反应障碍描述为精神分裂症的伴随性特征。1943 年，美国儿童精神病医生利奥·坎纳首次将孤独症作为一种诊断类别提出，他在论文中报告了 11 个患有此症的儿童，其共同表现为：从婴儿期开始很少与人交往，极端孤僻，语言发展迟滞，缺乏交际语言，重复简单活动，要求环境中的刺激保持原样，行为刻板，缺乏想象。坎纳将这类疾病命名为婴儿孤独症。

自闭症是一种终身发展性障碍，并非生理疾病。生理疾病可以治疗，个体有康复的可能，而发展性障碍则要通过教育训练和心理、行为矫治，其症状才可能有所好转，但也有可能会加重，症状的发展具有社会性。

二、自闭症的影响因素

对于自闭症的影响因素，目前被人们普遍接受的观点是由外部环境因素作用于具有自闭症遗传易感性的个体而导致了神经系统发育障碍性疾病的发生。但对于自闭症的具体影响因素，众多研究者至今无法确定。现阶段讨论最多的因素主要有遗传学因素、免疫因素、孕产期因素。

（一）遗传学因素

大量的流行病学研究及对各种染色体、基因的研究表明，自闭症是一种多基因隐性遗传病。这也是被大多数人认同的一种影响因素。

一项研究显示，自闭症在单卵双生子中的共患病率高达 61% ～ 90%，而异卵双生子则未见明显的共患病情况，自闭症在兄弟姊妹之间的再患病率在4.5% 左右。自闭症的家族研究表明，如果家里有自闭症的孩子，则其他孩子患病比例大概是 2% ～ 7%。自闭症患病的家族聚集现象，同卵双生子与异卵双生子同病率差异，以及与一些遗传病的高度相关性，均提示了该病症的发生需具备一定的遗传条件。

（二）免疫因素

有研究表明自闭症儿童的免疫因素确实异常，也有研究者提出了自闭症的慢病毒感染学说，认为免疫功能缺乏的个体，在胎儿期或新生儿期增加了病毒感染的概率，易感病毒引起中枢神经系统永久性的损害结果导致了婴儿自闭症的发生。众多研究都说明免疫因素与自闭症有关，但它究竟是致病因素还是病致结果，尚未有定论。

（三）孕产期因素

早期研究认为，孕期和生产过程中的变数与自闭症有关。孕妇受病毒感染、精神抑郁、吸烟史、高烧、酗酒、用药史等以及剖宫产、早产、产伤等均可导致子女患自闭症概率的增加。

然而，现在研究者普遍认为，孕产期的危险因素并非导致子女患自闭症的直接原因。这些因素只是增强了子女已存在的遗传易感染性，增加了子女发病的概率和危险性，孕产期的危险因素可能是自闭症发生的重要辅助原因。

三、自闭症儿童的心理问题及其产生的原因

（一）自闭症儿童的心理行为问题

影响自闭症儿童心理健康的心理行为问题主要有情绪情感问题、社会适应问题和不良行为问题。

1. 情绪情感问题

自闭症儿童存在的心理缺陷导致了他们无法正确表达情绪情感，稍有不慎，就会产生各种各样的情绪情感问题，如焦虑、以自我为中心、恐惧、孤独、忧郁等。

（1）焦虑

自闭症儿童在日常生活中需要面对许多困难，看似简单的场景对他们来说也可能会造成极大的压力，由于无法应对，自闭症儿童多半都有着不同程度的焦虑情绪，表现为特别古怪和不可理解的外显行为。他们不会通过别人的面部表情来分享他人的情感，也无法理解他人的情感，多以回避或不断重复某种偏执行为和坚持固有习惯来降低焦虑程度，从而增强安全感，这也是他们自我防御的一种途径。如果强行改变他们的生活常规，一般会引起他们极度的焦虑不安。

（2）以自我为中心

当自闭症儿童感受到压力时，可能出现哭闹、摔东西等行为，在与人互动时大多数以表达基本需求为主。当他们无法适当表达"要"或"不要"时，便会以自己的方式来表达，如抓伤妈妈表示"我要喝水"。当情绪亢奋时，自闭症儿童会到处乱跑扰乱他人的正常生活，完全不会顾及别人的看法。

（3）恐惧

自闭症儿童常会有异常的恐惧情绪，如社会性恐惧，当周围环境发生变化或有陌生人在场时，他们往往会产生极度恐惧的情绪；光亮或巨响等感官刺激也会让自闭症儿童产生恐惧的情绪。

（4）孤独

自闭症儿童本来就生活在自己的小世界里，家人的投入不足和同伴的不理睬会加剧他们的孤独感，久而久之，他们会将自己退缩到一个更小的空间。

（5）忧郁

随着年龄的增长，自闭症儿童对自己面对的问题开始有所了解，但又找不到排解的办法，无法集中注意力，对任何事物都提不起兴趣，逐渐变得自卑、无助、消沉甚至忧郁。

2. 社会适应问题

自闭症儿童没有独立交往的能力，对环境变化的适应能力差，不会根据环境要求改变自己的行为方式，这种障碍随着年龄增长显得更为突出。伴有严重智力低下者言语功能的缺乏和自伤等行为的持续，会直接威胁到他们的社会生存。一部分儿童进入青春期以后，其症状会有所改善，其社会交往和适应社会的能力会在一定程度上有所提高，但与人交往仍然困难，喜欢独来独往。即使一些自闭症儿童稍具社交意识，有与他人交往的需要，但他们亲近他人的方式却往往不当，他们容易被误解为对他人有敌意。

3. 不良行为问题

（1）自我刺激行为

由于智能发育受到影响，自闭症儿童往往表现出某种重复的动作或奇怪的癖好及习惯，以满足感官或心理的需求。这些行为通常不具有社会意义，如重复眨眼、拍手、把手指移到眼前、旋转桌上的物体、前后左右摇摆、把物体或身体的某部位放进嘴里、舔物品、闻物品、嗅别人等。

（2）同一性行为

同一性行为也叫刻板行为，是指自闭症儿童总是坚持生活中的琐碎细节，并拒绝改变，对重复行为的坚持类似强迫症状，例如：挑食，坚持只喝牛奶，甚至要求只喝同一品牌的牛奶；只吃白饭，不吃蔬菜、肉类和任何水果。他们的游戏形态简单而缺少变化，例如，对某个电视节目百看不厌，重复撕纸条一两个小时也不嫌烦，等等。

（3）自伤及攻击行为

自闭症儿童时常会出现撞墙、打自己等自伤行为，也常有踢、咬、捏、抓、打等伤害他人的攻击行为。

（4）多动行为

自闭症儿童的多动行为包括不停地旋转身体、摇头晃脑、绕圈跑等，难以集中注意力，类似多动症儿童的行为表现。

（二）自闭症儿童心理问题产生的原因

经过近几十年的探索和发展，自闭症已成为跨医学、心理学、教育学等几个学科的研究课题，但至今人们也不能肯定何种因素是其致病因素。遗传、病毒接触感染、脑异常、围产期并发症、精神因素等都被认为是导致自闭症的可能性因素。就现有研究来看，自闭症是一种生物学基础上的广泛性发展障碍，在许多功能领域存在心理损害，如认知、语言、智力、情绪、人际交往等方面。

自闭症儿童发生心理问题自然比正常儿童要多得多，下面，笔者就从个体、家庭和社会等方面进行分析。

1. 个体原因

（1）感知觉异常和缺陷

婴儿呱呱坠地后，便通过各种感觉来探索和认识世界，自闭症儿童也是如此。但他们因为脑部不成熟或发展缺陷，比起一般儿童在感觉上有较多的异常，对某些刺激过分敏感或过分不敏感，会造成他们的心理和行为问题。例如，自闭症儿童对灯光与声音的感觉十分异常，面对灯光与声音的刺激，他们会立刻捂上耳朵，表现出暴怒和惊慌，甚至出现自残行为。有研究显示，有些自闭症儿童脑部会产生过多脑内吗啡，这种物质会阻断痛觉，而导致类似自伤的自我刺激行为。有些自闭症儿童所接收到的视觉信息是支离破碎的，而非完整的，比如，他们只看到他人的手、脚，而不是整个人。

（2）认知困难

有研究表明，大约 80% 的自闭症儿童的智力落后，其中，大约一半儿童的智商低于 50；30% 的自闭症儿童智商在 50 ～ 70 之间；20% 的自闭症儿童达到或高于平均水平。

自闭症儿童有内心推测缺陷，他们因此无法站在别人的立场思考及预测别人的行为，在游戏中不能与伙伴共同遵守同一规则，不会揣度别人的想法和做法，不会扮演，不懂伪装。例如，正常儿童系上围裙后不用其他实物也能扮演餐厅服务员，将点菜送菜的动作做出来，而自闭症儿童只是把围裙当成一件衣服，不会想象性地表演。所以，自闭症的实质损害是认知障碍，认知障碍会导致儿童各方面的发展缓慢，整体功能受限。由于他们理解和表达的能力不佳，所以他们不能将自己的需求和情绪适当地表达给别人，从而会遭受挫折，导致形成一些情绪和行为问题，如自闭症儿童受挫时出现暴怒、伤害自己或攻击别人的行为。

（3）语言发展迟缓

自闭症儿童与正常儿童一样具有基本的生理需求和基本情绪，而需求的满足与情绪的表达需要借助语言。大多数的自闭症儿童有表达性沟通障碍，有些自闭症儿童虽然会说话，但会出现语言变异的情形。当自闭症儿童无法用语言顺利与他人进行沟通时，便会表现出攻击行为等不适当的行为。一般而言，自闭症儿童的攻击行为大都来自愤怒或恐惧等情绪。例如，当自闭症儿童从事的某一个活动被中止、某种要求不能如愿、生活环境被迫改变、或被要求做不愿做的事时，他就可能做出攻击自己或攻击他人的行为。

（4）情感缺陷

自闭症儿童由于其身心缺陷，情感极不稳定，不易接近周围的人，对情感的体验也不深刻。他们对他人的情绪认知困难，也不善于表达自己的情绪，他们不理解他人内心的情感和看法，也难以调整自己的做法，甚至根本不关心他人，所以常常表现出不合作的行为。生活上的变化会使他们感到恐惧，从而使他们固执地重复某些刺激，用重复的刻板行为排除过多的感觉负担。对他们来讲，同样的生活方式较安全，改变意味着不可预知及不可控制。

2. 家庭原因

贝特尔海姆认为，由于自闭症儿童的父母在亲子发展的关键阶段，对其的行为采取了不积极、不合理的方式来对待，导致了儿童的情感退缩；儿童的情感退缩又引发父母对他进一步的漠视，亲子关系不再发展。在这样充满拒绝与威胁的环境中，孩子不但对父母表现出不断的退缩，而且还会发展为对整个世界的冷漠。这种观点曾经在很大程度上影响了以美国为主导的儿童心理分析。如果父母的教养方式简单化，要么忽视，要么对抗，肯定会导致自闭症儿童更加不良的情绪，这势必会影响儿童的心理健康发展。同时，过分的溺爱和关注也会导致自闭症儿童心理问题的产生。因为孩子的特殊疾病，许多家长几乎把所有时间都用在对孩子的看管上，对孩子百般保护，衣食住行都包办代替，这样容易导致孩子的过分依赖而缺乏独立性和走向社会的动机，从而产生不良适应的问题。

3. 社会原因

（1）缺乏专门的康复机构和专业的教师

目前，虽然自闭症儿童的人数呈逐年增加的趋势，但相关机构和专业教师却相对缺乏。专业机构除少数定点医院外，大都属于民办机构，经费投入严重匮乏，专业化程度不高。大多数自闭症儿童得不到专业的指导和康复训练，心理问题自然不断出现。

（2）社会对自闭症患者的了解程度还有待提高

自闭症儿童的家长一般都不愿意让外人知道孩子的有关情况，认为这是一种耻辱，甚至有负罪感。此外，由于社会缺乏对自闭症相关知识的了解，社会大众对自闭症儿童不理解，没有平等地对待，也会造成自闭症儿童的心理压力过大，导致心理问题的产生。

第二节 自闭症儿童心理健康教育

一、自闭症儿童的家庭心理健康教育

由于疾病的困扰，自闭症患者对于外界指令的接收和处理信号能力差，对于家长和外界的指令及要求往往似乎是听而不闻，而只有家长手把手地教时才会去做。在家庭教育过程中，自闭症儿童有时会按自己的想法去完成，其任务的完成程度往往又与家长的期待值相差甚远。面对这样的情况，家长一定要十分耐心地去帮助他们，必要时要与他们一同完成，而且要反复多次地进行，使他们通过多次实践形成条件反射。在对孩子进行教育时，父母亲和家庭其他成员一定要密切配合，在教育过程中，力戒溺爱和迁就。在自闭症儿童的教育过程中，强化教育是基本教育手段，反复多次地下达同一个指令，反复多次地使自闭症儿童去完成一项任务，是对自闭症儿童教育的一种有效方法。这种方法在自闭症儿童学龄前教育中常常被用到，目的是使他们建立基本的条件反射，使其具备初步处理信息和信号的能力。在家庭教育过程中，特别是在早期教育阶段，家长要与医疗和教育机构密切配合，共同制订教育方案。在这一过程中，家长要了解幼儿生长的特点和学前教育的基本方法，对孩子的教育要宽严有度，使家庭教育符合孩子的心理生理承受力、语言发展能力和认知发展规律，做到真正意义上的有的放矢。在家庭教育过程中，家长一定要与教育机构共同制订好每个自闭症儿童的个别教育计划，使学校教育与家庭教育融为一体。由于自闭症儿童的社会适应能力差，因此家长和教师都要围绕提高他们的社会适应能力来设计教育教学的内容。在家庭教育过程中，家长尤其要将交往能力的培养和提高放在重要位置，要要求儿童学会与到家里来的客人主动打招呼、为客人让座，学会招待客人等。同时，家长要注意带孩子到超市或百货商场，让他们学会购物、乘车等，以提高他们的社会适应能力。

二、自闭症儿童的学校心理健康教育

学校应对自闭症儿童的心理问题要早预防、早发现、早治疗。洛瓦斯的一项研究显示，对自闭症儿童进行长期的系统治疗与训练可以取得较满意的效果。

（一）行为治疗

由于身心发展原因，自闭症儿童常有许多不良行为发生。行为矫治和教育训练已经成为目前国际上应用最广泛的治疗自闭症儿童的方法。越来越多的学者指出行为训练对于自闭症儿童的重要性，其目的是纠正其不良行为，使其学会社会适应、认知以及运动方面的技能。

（二）情绪情感沟通训练

1. 消除引起自闭症儿童情绪紧张的因素

教师需改变或调整与自闭症儿童沟通的方式，营造一种轻松愉快的学习活动氛围，采用特殊的教育手段建立师生之间的良好关系。当然，加强情感沟通并不等于无原则的溺爱。

2. 训练自闭症儿童使其学会恰当的表达情绪情感的方式

教师应耐心地训练自闭症儿童，使其能够恰当地表达情绪与情感，如教给他们高兴的时候可以用拍手、微笑来表达，这样可以弱化其表达的盲目性以及因表达不当所带来的受挫感。

3. 让自闭症儿童产生信赖感

虽然自闭症儿童普遍感情冷漠，但他们也有敏感的一面，教师要通过适当的情感培养和教育方式使他们对家长和教师产生依赖，从而建立起相互的信任关系。

4. 让自闭症儿童感受到成功体验

教师要努力去挖掘、放大他们的优点，并对其良好行为及时给予肯定，以此来不断强化他们积极向上的认同心理；也可以通过降低标准，为其提供成功机会，使其从成功体验中获得自信。

（三）开展心理咨询

智力障碍较轻或接近正常水平的自闭症儿童，就是高功能自闭症儿童。心理咨询对于高功能自闭症儿童有一定效果，使他们可以深刻地意识到自己与同龄人的不同，特别是到了青春期以后，心理咨询可以帮助他们认识到自身的障碍，最大限度地挖掘其潜能，帮助他们发展各类技能技巧。因此，学校应设置专门的心理咨询部门，聘请专业的心理咨询师，对高功能自闭症儿童进行心理咨询。

第十章　超常儿童心理健康

超常儿童与正常儿童一样，同样需要生理和心理全面且充分的发展。我国的超常儿童教育经过多年发展后已经取得了较为丰硕的成果，形成了一定的理论和实践模式，但其中仍然存在很多问题值得人们关注和思考。

第一节　超常儿童的类型及成因

一、什么是超常儿童

1973 年，我国台湾开始进行超常教育实验，在对"天才"一词进行翻译的时候，采用了"资优"（"资质优异"的简称）的概念。目前，不同国家或地区对"资质优异"的儿童的称呼不一样，我国一般称这类儿童为超常儿童，而新加坡则称之为高才儿童。

我国界定超常儿童的标准有三个：①普通教育无法满足超常儿童发展的需要，因此其需要的是特殊教育；②超常儿童的超常表现在一个或者多个领域的能力上，如创造力、认知能力、领导力、血液能录和特殊才能等；③在教育超常儿童时，除了要重视其智力和认知因素，还要关注他们的社会发展。

超常是人类特有的一个复杂的情况，涵盖了能力和特性的方方面面。然而超常的定义是具有社会性的，包含了一定的文化因素。一部分文化可能更加关注学业成就，并且更强调智力上的优异，这是典型的一种超常的看法。但是，有些学生可能在学业上表现平平，但在某些领域有着特殊才能，如音乐、舞蹈、艺术等领域。在不同历史、文化中的群体，甚至是在残疾人中，都有具有非凡天赋的人。综合以上因素，笔者把超常儿童定义为在某些领域表现出显著的能力水平和发展潜质并有特殊教育需要的儿童。

通常情况下，人们都明确认定这些超常儿童是不寻常的，受媒体渲染的影响，有相当一部分人认为这些超常儿童是有某方面缺陷的，如体弱多病、社会适应不良等。这种现象可以用偏见和刻板印象来解释。推孟从1921年开始，对1500多名超常儿童进行了长达30年的追踪研究，研究结果表明，超常儿童在生理与社会特征方面与普通儿童没有显著差异。21世纪是一个人才竞争的世纪，这些具有特殊能力的儿童不仅可以促进国家的强盛，也可以推动人类社会化进程。超常儿童的发现和培养已成为目前世界各国所共同努力的目标。

二、超常儿童的类型

心理学和特殊教育的专家对超常儿童进行了广泛的、长期的追踪研究，他们最终放弃了单一的智力型和学术型等狭义超常儿童的概念，一致认为应将儿童的潜能、成就与行为特征考虑在划分超常儿童的维度内。因此，人们可将超常儿童划分为学术性向、一般智能、领导能力、艺术才能、创造能力及其他特殊才能优异的儿童等不同的类型。

（一）学术性向优异的儿童

学术性向优异的儿童是指在一些学术领域，如数学、语文、社会科学或自然科学等，与同龄人相比要更优秀、更具有卓越潜能的表现者。这类儿童的一门或几门功课都会特别优秀，并超过了同年龄或同年级儿童的学业水平，这是他们的显著特点。凭借较好的符号思维能力、理解力和逻辑推理能力，他们能在学术研究上做出突出的贡献。

（二）一般智能优异儿童

一般智能优异儿童是指在理解、记忆、推理、评价和综合等智力方面，比同龄人更杰出、更优秀的表现者。他们的主要特点是智商高。研究者通过多种具有较高效度和信度的智力测验量表对他们的智商进行反复验证，都能得到超出常人的高智商。

（三）艺术才能优异的儿童

艺术才能优异的儿童是指在表演艺术和视觉等方面更加杰出和具有卓越的潜能的表现者。这类超常儿童擅长美术、音乐、戏剧，有很高的艺术天赋和素养。20世纪70年代前后，为了及早地评估和鉴别这类超常儿童，研究者设计出了一批艺术能力测试量表。

（四）创造能力优异的儿童

创造能力优异的儿童是指在发明、解决问题，以及设计或制作出具有创新性和建设性作品方面运用了心智能力的儿童。这类儿童的特点是创造性强，能不拘一格地进行发明创造。这类儿童的思维方式带有明显的批判性，具有流畅、灵活、新颖等特征，善于从不同的角度考虑问题和解决问题而不受传统思想的束缚。有许多学者认为，高智商、高成绩和具有不同寻常的创造性是超常儿童的显著特征。

（五）领导能力优异的儿童

领导能力优异的儿童是指具有有关组织、计划、沟通、预测、协调和决策等优异能力的，并且在团体事务的处理方面也具有才能的表现者。这类儿童具有很强的组织能力、分析判断能力、讲演能力、决策能力、自我控制能力等。

三、超常儿童的成因和出现率

（一）超常儿童的成因

1. 遗传因素

遗传是生物界的普遍现象。遗传因素对长相、肤色、体质等生物学属性的影响显而易见，但是遗传对智力行为的影响一直存在争议。相关学者在对智力遗传因素进行研究时所采用的方法主要是双生子法。一般来说智力的遗传度大于 0.6，就说明智力具有遗传倾向，国外许多纵向的双生子研究都发现，遗传和环境因素对智力的影响并不是固定不变的，而是表现为随年龄的增长，遗传因素对智力的影响有日益增大的趋势。高智商的父母不仅可能给孩子遗传了支持他们取得高成就的基因，而且更可能给子女提供了有利于智商发展的丰富环境。

2. 环境因素

环境因素的影响，从胚胎期就开始了，表现在对人大脑的发育影响上。基因虽然为大脑的发展设定了既定的程序，但是环境为这些程序的运行提供了可能。智力的发展与脑的发育密切相关，目前环境刺激与大脑发育的相关研究还很少，但是人们有理由相信，胎儿时期良好的环境是优良基因得以实现的前提条件。

此外，家庭环境也对超常儿童的出现有着影响。有学者对 400 余名智力和创造力超常的青少年的家庭背景的差异进行了比较研究。研究结论大致有：①

两组青少年的父母受教育程度都较高，但智力超常组的父母具有大学以上受教育程度的人数更多，创造力超常组的母亲们从事全职或兼职工作的人数要多于智力超常组；在教养态度上，智力超常组的母亲对子女的行为更关注，表现出更多的不接纳态度；②在阅读兴趣上，智力超常组家庭所拥有的阅读刊物远多于创造力超常组，而且学术性更强；③两组父母的平均年龄大致相当，但智力超常组父母之间的年龄相差较大；④在子女交友的价值观上，智力超常组的父母较为重视诸如外表、礼貌、宗教信仰以及家庭文化水准等外部特征，而创造力超常组的父母更注重子女同伴的兴趣、价值、有趣等内在品质。

（二）超常儿童的出现率

超常儿童出现率的高低，主要取决于如何界定超常以及如何进行鉴别超常儿童。我国学者，一般认为按照智商的正态分布处于正态曲线的高端1%～3%的儿童为超常儿童，因此如果按照3%的出现率计算，根据我国第六次人口普查的结果，我国现有14周岁以下的人口约为2.2亿，那么估计我国现有14岁以下超常儿童的人数大约为660多万。而无论是1%～3%还是15%～20%都只是理论上的估计值。

那么全世界中超常儿童究竟在儿童中占多大的比例呢？一项以斯坦福—比奈智力量表为研究工具的测验的结果显示：智商90至100范围属于中等智力，或称正常（常态）。智商正常的儿童的人数最多，在1万名儿童中有4600人，占46%；智商在130或以上的儿童在1万名儿童中有310人约占3.1%；智商在140或以上的儿童在1万名儿童中有107人，约占1.07%；智商在160或以上的儿童在1万名儿童中只有3人，也就是0.03%。

第二节　超常儿童心理健康的影响因素

一、个体因素

英国心理学家菲利克斯·波斯特对人类历史上颇有影响的300位各学科领域的名人进行了调查，发现在这些天才中有竟然有不少的精神病患者。德国著名精神病理学家、心理学家克雷兹迈认为，天才是人类中稀有的、极端的变种，其精神生活具有过敏性与极不稳定性，或者可以说，天才对精神病、神经病等缺乏抵抗能力。

二、社会因素

（一）社会文化因素

我国市场经济发展的节奏在逐渐加快，竞争变得越来越激烈，环境也越来越拥挤，这些会使人们的心理疾病增多，这个问题同时也延伸到了学校中，特别是对超常儿童的影响更甚，相较于常人，他们面临的压力与挑战更多。因此，其产生心理障碍和心理问题的概率也会大大增加。

我国的大部分超常儿童在被学校、家长和社会发现并关注之后，人们对其特长上的关注超过了人们对心理的关注。他们会经常参加各种媒体采访与社会活动，因此有极少的时间参加正常儿童都要进行的社会实践和社会交往活动等，从而缺乏了与同龄人、教师、家长等进行交流互动的机会，缺少可以倾诉的对象，从而致使他们内心压力得不到及时的释放。另外，人们对他们的天赋常常有着很大的期望，再加上媒体会对他们进行肆意吹捧，因此他们会很害怕失败，从而容易造成心理问题。

（二）学校因素

1. 对超常儿童理解有偏差

当超常儿童被选出后，各门学科的教师对其都按照超常水平的教学，这样一来就很容易导致其不超常的学科被拔苗助长，这是超常教育中的主要问题。但实际上，不同学科的智力类型也大不一样，如超常儿童在物理、化学方面的能力强，并不代表着他们在语文、外语等方面的能力就一样强。将超常教育的学习年限缩短，就很容易使单科超常的儿童在其他学科的成绩有所下滑，并且在缩短之后也会导致他们因为其他学科的负面影响，而使本应超常的学科方面的能力难以继续发展，因此也就会使超常儿童产生一系列心理问题。

2. 教育方式带有功利性

大多数人会认为，学习能力强的人的创造能力也一定不会很弱，但这种观点显然是错误的。也是因为这种错误的观念，才使超常儿童始终被社会寄予了超高的期望，认为这些超常儿童一定会在未来成为优秀的人才。但是，用如今的各种选拔方式选出的接受能力强和比较聪明的孩子，只是单纯体现在书本知识学习上的，与将来工作上的创造性没有多大的联系。并且，提前考上大学才是现在我国的超常儿童的目标，即学生的超常教育只注重学习书本知识这一过程，是能和应试教育接轨的超常教育，这种教育是不可能在有限的时间内将重点放在创造性活动之上的，这种教育带有明显的功利性，不利于超常儿童心理健康发展。

第三节 超常儿童心理健康教育

超常儿童心理素质的培养和提高直接影响到他们的健康成长。加强超常儿童的心理健康教育，有利于培养其良好的心理素质，促进其最大限度地发挥潜能；反之，忽视超常儿童的心理健康教育，不仅不能促进其潜能的发挥，而且可能会在超常儿童出现心理适应不良时贻误辅导与治疗时机，致使他们产生严重的心理问题或心理障碍。

一、超常儿童的家庭心理健康教育

家庭中有一位超常儿童对父母无疑是一种挑战。超常儿童的家长只有多方面学习教养孩子的知识与技巧，才能让孩子身心健康发展。

（一）为孩子提供健全的家庭环境

孩子回到家，如果看见爸爸妈妈都在，就会感到非常安全。而如果家长酗酒、争吵，就会使孩子感到不安从而影响到他的情绪；如果孩子在一个非常温暖的家庭成长起来，他就会有安全感，感觉自己是被保护、被爱的，那么孩子的情绪就会稳定，就会非常积极乐观。因此，培养超常儿童心理素质的前提是营造文明、愉快、和睦的家庭氛围，这也是其身心健康发展的必要保证。

（二）不炫耀孩子的过人成就

父母应该尽量避免在亲戚或朋友面前炫耀超常儿童的特殊才能。因为在这些炫耀背后，孩子很有可能认为："如果我要被接纳，我必须要表现好"。当超常儿童认为其自我价值跟学业表现等同时，那么学业成就则成了其唯一的追求目标。父母的称赞尽量不要和孩子的过人成就相关，而只要针对其行为本身即可。如果家长要称赞孩子的努力与用功，可以说："我很高兴看到你如此用心地在写作业。"假如家长过分强调孩子的过人成就而忽略了孩子其他方面的发展，他就会自视过高而变得自大、自私和自利。

（三）尊重超常儿童的兴趣和专长

父母应让超常儿童自主决定做自己喜欢的、有兴趣的事情，而不应让他做父母想要他做的事，或选择父母期望的专业。当然，这并不是说，父母完全不干涉，而是父母应提出方案与孩子共同讨论，提供咨询以帮助孩子做出选择。

二、超常儿童的学校心理健康教育

（一）开设专门课程，创设心育环境

1. 向超常儿童传授心理健康知识

学校应开设专门的心理健康教育课程，以帮助超常儿童掌握维护心理健康的知识和方法，使其了解自身心理发展的特点与规律，使其学会自我保健和自我调节，促进其身心健康发展。通常情况下，超常儿童有成才的强烈欲望。一个心理健康的超常儿童在还没有对个人成才和社会需要的关系有正确认识时，能够客观评价自己的能力，并在合理的范围内确定自身的成才目标，为实现自我的人生价值与目标充分发挥潜在优势。相反，如果一个超常儿童脱离实际，追求无法实现的人生目标，就会四处碰壁，不仅会使自身的精力和时间遭到损耗，还会使内心受挫，陷入无端的烦恼和痛苦之中。

2. 创设良好的学校内部心理环境

学校应通过环境建设、校园文化建设和校园校貌建设，为超常儿童提供良好的学习成长的环境，陶冶其情操，使师生关系融洽，从而改善超常儿童心理状况。

3. 建立家庭和学校沟通的渠道

建立家庭和学校沟通的渠道非常有利于增强超常儿童心理健康教育的效果，以及提升他们的心理健康水平。家庭的环境和教育跟超常儿童的心理之间有相当密切的联系，因此，学校和家庭的相互配合非常重要。所以，家长应在学校的引导下，努力改善家庭环境，帮助孩子树立正确的人生观、价值观和世界观，采用正确的方式教育孩子，提高其心理素质，并解决其心理问题。

（二）开展心理咨询辅导工作

1. 采用多种方式开展心理咨询

超常儿童心理问题的矫治和普通学生一样，也要以心理咨询与治疗为主。为此，学校应该成立学生心理咨询中心，设立心理健康辅导站、心理咨询室、咨询信箱等，并委派专业人员从事心理健康教育工作。针对超常儿童少年班，学校更应该建立心理咨询室、团体辅导室等；对不同年龄的超常儿童的心理健康状况应建立档案，定期进行量化分析，提升心理健康教育的层次和水平。此外，心理教师应采用多种方式来矫治超常儿童的心理问题。

（1）个别心理咨询

对超常儿童实施个别心理咨询是心理问题矫治的重要形式。咨询师可以用

朋友的口吻，以朋友的视角设身处地为超常儿童考虑，帮助其分析所面临的问题和困惑，缓解其心理压力。

（2）团体心理辅导

团体心理辅导也是矫治超常儿童心理问题的重要方式。在团体辅导中，心理教师可以通过讨论、心理剧等方式帮助超常儿童与同伴进行良好的沟通与互动，以达到使双方相互理解和接纳，并促使超常儿童形成正确的自我认知的目的。

（3）网络化心理教育

网络化心理健康教育不同于一般的心理健康教育，它利用的是广大学生欢迎的网络平台。在轻松自由的气氛中，超常儿童不存在心理顾虑，从而产生较强的认同感，可以将教育内容内化为他们的主观愿望。学校可以在校园网开设"心理健康"栏目和心理信箱，通过网络让超常儿童找到属于自己的心理空间。心理教师也可以通过网络互动对学生进行心理咨询矫治。

2. 开展心理辅导工作

心理辅导工作是达成心理健康教育整体目标的重要途径。超常儿童除了有由学业压力带来的焦虑情绪之外，最阻碍他们发展的是人际关系问题，以及自我肯定或自我认同出现的偏差。心理辅导教师应针对超常儿童的具体问题，采用个别辅导与团体辅导相结合的方式。心理辅导能够帮助学生摆脱心理带来的压力，解放心理障碍，消除自己的消极情绪，并使其承受和平衡的能力提高。心理教师具体可从以下几个方面入手。

（1）恰当评价

超常儿童如果长期受到表扬，就容易形成以自我为中心的倾向，甚至形成专横、唯我独尊的性格。所以，教师要恰当且谨慎地评价超常儿童。合理的评价会有利于增强他们的自信心，使其之后能够做得更好，但教师也应注意评价要公正。这样才能有助于超常儿童正确地做出自我评价，不至于产生自我认知上的偏差。

（2）正确引导

某些超常儿童在普通学校往往担任学生干部，经常主持会议、发言等，因而过早地沾染了官气，丧失了应有的童心；有的则放不开，被超常儿童这个名号限制了自己的天性，一举一动都想着"神童""天才"的特殊身份。教师应经常和他们沟通、交流，有意识地传达平等、奉献等观念，引导他们和普通学生进行平等友好地交往。教师应经常了解他们和同龄伙伴的关系，了解其在人际相处过程中的实际状况。

（3）认识自我

在超常儿童的教育过程中，教师应该及时取得家长的配合，以掌握他们在社会和家庭中的日常表现。并在此基础之上，让其了解自己优缺点，对自己进行充分而全面的认识，以便使其可以清醒且理智地面对外部肯定。但教师要注意的是一定不要将自己的判断强加在他们身上。

（4）学会合作

超常儿童在与同龄伙伴相处时，往往会表现得高高在上。在普通学校中的超常儿童往往比较孤立，主要原因就是他们在交往中不能平等待人，举手投足都会表现出自我优越感。教师应该有意识地让超常儿童学会以一个普通学生的心理状态融入集体，并经常组织一些需要集体协作的活动以让超常儿童和普通儿童一起健康成长。

第十一章　处境不利儿童心理健康

当前，我国还有不少的儿童处于不利处境，如留守儿童、流动儿童、离异儿童、网络成瘾儿童等。由于多方面的原因，这些儿童群体的健康成长面临着多方面的困难。针对这种情况，社会应加强对处境不利儿童的重视，充分关注处境不利儿童的心理健康问题，为他们营造积极的、健康的成长环境。

第一节　留守儿童心理问题与心理健康教育

一、留守儿童的生存状况

"留守儿童"这一词汇产生于 20 世纪 90 年代初，现阶段主要指由于父母进城务工，留守在农村得不到正常结构家庭抚养的农民工未成年子女。由于受城乡二元社会结构体制和自身经济条件的限制，农民工在进城落脚的同时，无力解决孩子进城居住生活和接受教育等诸多现实问题，只能选择将孩子留在农村，托付给其他人（如孩子的祖父母、外祖父母或监护人等）代为照看，从而形成了农民工父母与子女分隔两地的局面。根据《中华人民共和国宪法》和《中华人民共和国未成年人保护法》的有关规定，本书将农村留守儿童的概念界定为：父母双方或一方从农村流动到其他地区，孩子留在户籍所在地农村，并因此不能和父母双方共同生活的 17 周岁以下（含 17 岁）的未成年人。

根据相关数据统计与推算，目前，我国农村留守儿童数量约为 697 万，总量上有所下降，四川、安徽、湖南、河南、江西、湖北、贵州等省作为劳动力输出大省，留守儿童的数量也较多，其中四川省的留守儿童规模排在全国首位，共有 76.5 万留守儿童，这七个省份的留守儿童数量占到全国总数的 69.7%。

相关调查表明，留守儿童主要是与四类人生活在一起，其分别为留守单亲、祖父母、其他亲戚、他人，其中留守儿童与留守单亲和祖父母生活的比例较高。

留守儿童所处的成长环境不健全，监护人的监护质量也不高，久而久之可能会给留守儿童带来一系列心理、道德等问题。相当一部分儿童由于缺乏管教、放任自流，最终触犯了法律。

二、留守儿童的心理问题与产生的原因

（一）留守儿童的心理问题

1. 情绪问题

为经济条件和生活环境所迫，留守儿童父母不得不外出打工，农村留守儿童过早地体会到了生活的艰难。一方面，由于远离父母，留守儿童由于缺少家庭温暖，寂寞无聊，易产生心理躁动和抑郁问题。他们的情绪极不稳定，他们固执、孤僻、不合群、多疑、敏感，以致同周围的人关系紧张，甚至仇视一切。另一方面，复杂的社会和生活的压力导致留守儿童过早地思考一些对他们而言太过沉重的人生问题，如"我们为什么这么穷？""怎样才能挣许多钱？"等在经历了生活的贫困、父母的离别和生活的改变后，孩子变得比同龄人敏感、早熟。

2. 人际交往问题

留守儿童在人际交往上常常表现出一定的自我封闭性，部分孩子在父母外出后有严重的失落心理，在一段时间里不爱交谈，不愿和别人交往，性格内向，处于一种抑郁的状态。即使有隔代监护或代理监护，但由于长期缺少自己父母的关爱，留守儿童有心事而无处倾诉，很容易产生精神或人格障碍。没有父母的关爱，他们自惭形秽，怕被他人看不起，不愿参加集体活动，把自己严实地封闭了起来。缺乏交往又会导致他们心理失衡，这种失衡往往会以两种形式表现出来：一是封闭自己，以伤感的心态来看待外部世界和他人，尤以女生为多；二是过度宣泄内心的不满，多表现为具有寻衅心态，严重地干扰或破坏了人际关系，以男生为多。

3. 自卑心理

内向的儿童易形成自卑、孤僻等性格。和正常儿童相比，留守儿童没有父母的贴身呵护，长期得不到父母的关爱，会有被遗弃之感。久而久之，他们会产生自卑心理，有的甚至自暴自弃，丧失信心，降低学习要求，上进心不强。有些儿童甚至觉得是因为自己的缘故父母才离家外出，从而陷入深深的自责之中，导致极度自卑心理。面对生活和学习上的问题和困难，他们没有可求助的对象，不像其他正常儿童那样有父母的指导，只能依靠自己解决；出现错误和

问题后，他们又后悔不已，缺乏自信心。

4.逆反心理和怨恨心理

留守儿童的内心世界中有自己独特的体验和感受。当他们感到压抑而又无法宣泄时，往往以负向的方式表达出来。他们总感到别人在欺负自己，总是计较小事，与人交流时十分警惕甚至充满敌意，对待教师的批评容易采取逃学甚至出走等过激行为。留守儿童逆反心理其实代表了一种情绪，也代表了一种无奈的反抗。

留守儿童的家庭通常较为贫困，父母选择外出打工也是为了给家庭带来更多的收入。但是，由于父母长期外出，留守儿童缺乏父母的关心，双方之间的交流也极少。因此，有些留守儿童还会将家庭经济的困难和父母的外出打工归结为父母的无能。这种错误的理解，会导致留守儿童对父母形成怨恨的情感。在这种情感的影响下，当父母归来时，他们不会积极地靠近父母，反而会疏远父母，因而加深了亲子间感情上的隔膜，造成了留守儿童心理健康上的恶性循环。

（二）留守儿童心理问题产生的原因

1.亲情缺位

对于留守儿童所出现的各种心理问题来说，其根本原因就是亲情的缺位，这也是摆在农村外出务工家庭中最现实的问题。农村的外出务工父母往往一年只能回家一两次，有的甚至几年都不回家。对于孩子和家庭来说，他们只是通过将打工所挣的钱寄回，供孩子生活、教育所用，以履行自己的责任，而忽视了对孩子情感上的关心。因此，父母长期的外出务工也导致了留守儿童与父母间的沟通与情感交流。由于缺少父母的陪伴与关爱，留守儿童在成长的过程中会出现各种心理问题，如缺乏安全感、社交能力差等。有的孩子会变得内向、孤僻，缺少朋友，甚至遭到欺负；有的孩子则会变得冲动、暴躁，极易做出打架斗殴的行为，甚至会做出违法犯罪行为。

除了情感上的缺失之外，留守儿童不能接受到正常家庭应有的家庭教育。一方面，父母外出务工，无法给予孩子正常的家庭教育。另一方面，由于留守儿童大多是与祖父母生活在一起，他们对于孩子往往是较为溺爱的，难以有效控制留守儿童的行为，甚至还会助长留守儿童的不良行为。因此，这就使得留守儿童在成长的过程中极易出现偏差，其较为普遍的表现为厌学，出现逃学等不良行为。有的留守儿童经常出入网吧、游戏厅等成人场所，接触到社会中的不良青年，染上不良习好，从而导致成长的偏差越来越严重，甚至成为社会的不安定因素。还有的留守儿童由于在父母外出务工的影响下，也将早日外出务工挣钱作为自己的目标，因此对学习缺乏兴趣，只想早日和父母一样外出务工，这对于其成长来说，也是极为不利的。

相关调查研究也证明，非留守儿童在心理健康水平要远高于有父母外出务工的留守儿童，而父母只一方外出务工的留守儿童的心理健康情况也好于双亲都外出务工的留守儿童。对于留守儿童来说，父母外出务工的时间越长，其心理健康问题也就越严重，而且对于留守儿童的心理问题来说，一旦其形成，纠正起来也是较为困难的。

2. 学校心理健康教育缺位

学校生活是留守儿童生活中的重要组成部分，学校生活的情况对于留守儿童的心理健康有着极大的影响。目前我国农村义务教育体系存在许多不足，如教育理念落后、师资和经费不足等，使农村教育发展缓慢。加上留守儿童教育问题未能引起学校和教育部门的足够重视，这就使得农村学校缺乏心理健康教育与辅导的专门教师，无法开设心理健康教育课程，无法对留守儿童进行心理健康教育；无法设置心理健康辅导部门，为留守儿童提供辅导和帮助。即使教师和学校对留守儿童心理健康问题有所关注，却少有切实有效的行动，忽视了这些儿童独特的心理需求，以致留守儿童的性格和心理的诸多问题未能得到及时有效的教育干预。

3. 复杂的社会环境

未成年人处于一个危险的过渡年龄阶段，个性正在形成，可塑性较大。他们的自我独立意识发展迅速，而认识能力发展滞后；精力过剩，活泼好动，但自我控制能力较差。如果他们受到不良因素的影响，容易出现行为问题甚至违法犯罪。相当一部分留守儿童正处于心理发展的关键时期，但他们所面临的社会环境复杂，良莠并存，特别需要父母和社会的关爱与引导。但是，父母远在他乡，关爱和引导缺位，不良同伴和不健康的周边环境更容易对留守儿童的心理发展产生不良影响。目前农村精神文明建设还比较落后，社会教育设施相当缺乏，社区文明建设基本空白，网吧、游戏厅、歌舞厅等娱乐场所对于缺乏父母管教的留守儿童来说具有极大的诱惑力。内部疏于防范，外部诱惑多多，现实社会中的各种矛盾、冲突和竞争又加重了他们的心理负担，久而久之，留守儿童极易出现心理失衡和越轨行为，如小偷小摸、不守纪律等，有的甚至走上违法犯罪的道路。

三、留守儿童的心理健康教育

（一）留守儿童的家庭心理健康教育

首先，家长要加强亲子之间的交流和沟通。从家庭教育方面来说，在孩子生长发育关键期（0～3岁），父母最好能陪伴孩子；在孩子品德发展关键期（小学四五年级，初中二年级），家长同样要给予孩子特别的关注。父母要加强与留守儿童的亲情联系，可通过书信、电话、网络等方式，与留守子女多进行情感交流，让孩子感受到父母的关爱、家庭的温暖。比如，父母可适当改变外出务工方式，尽量不要过早在孩子小学高年级之前双双离开孩子，可以留一人在家中，另一方应择近在本地务工，并尽可能常回家。有了父母的帮助，孩子才能建立起对周围世界的信任，才会充分体会到自己在父母心目中的重要地位，才有勇气克服早期学习中所遇到的困难，建立自信心，走上正常的社会化道路。又如，父母在满足儿童物质方面要适可而止，可以经常给孩子一些表示爱意的小礼物，不能只满足其对金钱的需求；在寒暑假期间，可以把孩子接到身边，这样可加强亲子关系，也能让孩子接触社会，体会父母的艰辛，并让孩子从关爱他们的父母身上学到积极的人生态度。

其次，家长应转变自己养育孩子的观念，也就是要改变那种以为只要给孩子更多的钱和更好的生活条件就是对孩子好的观念，而应给予孩子更多心理和情感上的关心和帮助，加强对孩子在思想和行为上的正确引导，督促孩子积极、努力地学习。只有这样，才能够使留守儿童真正健康地成长。不少现实的事例都证明了，只注意对孩子的物质提供和满足，而不关心孩子的内心情感，不仅不利于孩子的健康成长，反而会适得其反。

（二）留守儿童的学校心理健康教育

从学校教育的角度来说，其对留守儿童往往起着更大的作用。但是，由于留守儿童的各种心理问题，其普遍存在着厌学的现象。因此，要使学校教育能够有效发挥其对留守儿童的积极作用，就必须要从情感上拉近留守儿童与学校的距离。

对于留守儿童来说，他们在成长的过程中，有许多心理上的问题需要倾诉和解惑，学校正好可以通过心理辅导给予他们帮助。同时，学校作为一个集体环境，能够为留守儿童提供集体生活的空间，从而通过集体的温暖在一定程度上弥补父母外出给留守儿童在亲情上造成的缺失，积极引导留守儿童人格向正常与健康方向发展。

学校可以从以下几个方面帮助留守儿童实现心理健康成长。一是建立专门的留守儿童学生档案，对其学习和情况进行观察和记录；二是建立专门的机构以负责留守儿童、家长、教师三方的沟通与交流，加强外出务工家长与孩子和教师之间的联系，使其及时了解孩子的学习与成长情况，关心、引导孩子的成长；三是在校内设立心理咨询与辅导机构，为留守儿童倾诉内心提供场所；四是举办各类关于留守儿童心理健康的主题活动，使留守儿童在活动中，形成积极、健康的心理；五是建立留守儿童学生寄宿制度，为其提供一个积极的集体环境，以补偿家庭教育的缺失；六是学校还应建立生活指导制度，配备专职的生活指导教师，给留守儿童以生活方面的指导，增进师生之间的了解。

教师则应该在日常学习和生活中，深入了解留守儿童的心理状态，多发现和表扬他们的优点，忍耐和宽容他们的缺点。

第二节　流动儿童心理问题与心理健康教育

一、流动儿童的生存状况

自 20 世纪 90 年代以来，随着大量农村劳动力进城务工，流动儿童的教育与发展现状逐渐引起了社会的普遍关注。相关数据显示，目前，我国约有流动儿童 1897.45 万人。随着农村进城务工人员数量的不断增长，流动儿童的数量也在不断增长。

与城市儿童相比，流动儿童承受着经济上和精神上的"双重贫困"，处于教育的边缘地位。一方面，流动儿童的父母在社会中处于弱势地位，在经济上难以为其提供较好的教育条件；另一方面，流动儿童易受其他儿童的歧视和排斥，在学校教育中易被忽视。所以，流动儿童生存状况中最大的困扰当属教育问题。

当前流动儿童就学有 3 种可选择的途径，即交纳一定的借读费后借读于全日制公办学校、进入收费较高的民办私立学校、进入民工子弟学校。

第一种途径是目前最常见的。全日制公办学校办学规范，师资雄厚，但吸纳能力有限。另外，公办学校需交纳高额借读费，从而使家庭经济能力有限的流动儿童被排斥在公办学校大门之外。由于家庭的流动性，流动儿童即便进入学校，面对不同的教学环境、教材、课程进度和教学方法，难免在心理上会不适应。与此同时，流动儿童与本地儿童缺乏交流，得不到教师的重视，这会更加重其自卑感和对立情绪。

第二种途径是最不现实的。民办私立学校俗称"贵族学校"，办学条件好，与当地公立学校差异不大，一般硬件设施会更好。但由于收费更高，当地普通居民都难以承受，更何况经济能力有限的流动家庭。

第三种途径是被普遍采用的形式。这类学校多设立在城市管理的真空地带——城乡接合部，方便流动儿童上学。更为重要的是，这类学校费用较低、交费形式灵活（可以按月支付），适合流动家庭的实际情况。但这些学校往往存在一些隐患，例如：在办学条件方面，校舍简陋、活动场地狭小、资金投入有限、教学设备不足、卫生条件差、师资队伍素质低、教学质量难以保证等；在办学行为方面，易以盈利为倾向、缺乏监督管理等。

随父母进城的流动儿童正处于接受教育和身心发展的关键时期，其相关权益保护问题和教育问题如果得不到有效解决，将不利于国民素质的整体提高和社会的和谐发展。关心流动儿童的健康成长，维护他们生存、发展和受教育的权利，是全社会的重要责任。

二、流动儿童的心理问题与成因

（一）流动儿童的心理问题

1. 因遭受歧视而自卑

流动儿童的家庭居住条件不佳，收入不稳定，家长不能在其子女学习成长过程中给予稳定的支持；流动儿童的权益问题、户口问题等都不如在同一环境生活学习的"优越"的城市儿童，无形的社会比较会增加流动儿童自卑的主观体验。另外，部分城市人对外来务工人员的歧视也会给孩子心理造成压抑自卑的阴影。

从儿童心理发展的角度来看，歧视是对儿童最大的隐性伤害。歧视可能会带来两种不利的结果：一是使儿童变得退缩、不敢与人交往、不自信；二是使儿童更容易出现问题行为，受歧视的儿童往往会对周围的人甚至社会产生敌意，从而导致问题行为的出现。由于儿童的世界观、人生观、价值观等还在形成中，歧视让他们看到的更多是社会的不公平、人与人的不平等，如果此时没有正确的引导，很容易加剧他们与主流社会的冲突。

2. 产生问题行为

流动儿童的家长忙于生计，与孩子相处时间少、沟通少，家庭教育相对薄弱，导致孩子在性格上较为敏感、脆弱、自卑。此外，流动儿童家长往往也忽视了对孩子生活习惯的培养和人生观教育，通常采取"放任"的态度，造成孩子对学习、工作等知识技能积累的过程不感兴趣，学习动力不足。

3. 群体意识薄弱

流动儿童的家庭由于居住环境不稳定，对正在打工的城市往往缺乏归属感，他们只关心自己身边的事情，而不愿更多地去关心社会发展、科技进步，思想认识和知识水平跟不上时代发展步伐。在流动儿童家长的影响下，流动儿童也表现出对他人和社会的漠不关心，缺乏对社会发展的感触，更不具有主人翁意识，往往缺乏社会责任心；作为更小的集体，如班级、学校中的一员，他们的群体意识薄弱，在处理集体荣誉问题以及合作上表现得不能令人满意。

4. 缺少自我认同感与社会认同感

流动儿童与其父母长期处于"边缘人"的社会地位，形成的是一种"边缘人"的独特心态，自我认同模糊。流动儿童一般比较敏感，一旦遭受歧视便沉默寡言。对于流动儿童而言，他们长期生活在对前途担忧、无奈和迷茫的心境中，其心理发展的两个极端均令人担忧：一是面对难以改变的社会现实，产生"我对不起别人"的念头，进而缺少自我认同感；二是面对无法实现的愿望，产生"别人对不起我"的念头，进而形成反社会心理倾向。

（二）流动儿童心理问题成因

1. 家庭教育环境不良

首先，家长工作临时性强，收入不稳定，家庭教育投入小。由于家庭原因，流动儿童很难拥有与城市儿童相当的物质条件，家长无力支付其在课外活动中的经费，甚至有的家长连流动儿童上学所需的最基本的文具、课本等都无法予以保证。因此，与同年龄段的城市儿童相比，流动儿童由于无法参加其他课外班，导致其在身心的开发上落后于城市儿童。此外，家庭条件也限制了流动儿童参加各种课外活动，导致其与其他城市儿童缺少共同话题，不利于他们融入身边的城市儿童群体。

其次，家长的教育方法不当。流动儿童家长通常自身受教育水平不高，因此思想较为传统，当孩子出现问题时，通常采用暴力的教育方式。流动儿童成长中遭受的暴力，使他们逐渐接受了暴力的方式，如果没有正确的引导，他们在教育下一代时，从而也会选择暴力的方式，造成"暴力的循环"。

家长的"不作为"同样对孩子的成长产生不良影响。例如，电视是孩子获得各种信息的主要来源，而电视节目质量和品位良莠不齐，流动儿童如若不加选择地观看，不仅浪费时间，而且不利于儿童的心理健康，容易做出暴力、色情以及违反法律和社会公德的行为。而流动儿童家长往往忽视对孩子的必要引导和管理，把观看电视作为使孩子安静下来的方式或给予孩子的奖励，但忽视了时间限制和节目筛选。

2.城市人对于流动人口存在偏见

流动儿童在城市公办学校求学时，往往遇到很大的阻力。例如，公办学校有自己的理由对流动儿童收取高额的"借读费"或拒收流动儿童，如认为"外来务工人员子女卫生习惯、学习习惯差"等，这些偏见对于务工人员及其子女都产生了严重的影响，特别是对于流动儿童来说，在学校生活中遭受来自教师、同伴等的歧视，会对其心理造成极大的打击，严重影响他们的心理健康。

三、流动儿童的心理健康教育

（一）改革教育体制，使流动儿童与城市儿童享有平等待遇

流动儿童入学率低的社会原因是公立学校校舍、师资、财力、接收能力有限。此外，小学生户口学区方面的规定是造成流动儿童入学率低的重要原因。户籍的差异导致的教育不公平，损害了国家的长远利益。因此，政府要高度重视流动儿童的教育，采取保障流动儿童权益的综合性措施，如加快户籍制度改革、取消户籍对流动儿童受教育权的限制、取消择校费、增加国家财政对教育的投资等，让流动儿童和城镇儿童平等享有受教育权。这样才能从根本上清除流动儿童自卑心理的根源，使其在城市里也能受到良好的义务教育。

（二）优化整合教育资源，为流动儿童创造良好的成长环境

根据国家针对流动儿童教育问题的有关文件，流动儿童的教育问题应主要由当地公办学校负责解决，从而做到教育资源的进一步优化和整合，以此来切实提高教学质量，并吸纳更多的流动儿童到公办学校上学。此外，国家应加强对农民工子弟学校的管理和规范，以保证基本的教育、教学质量等问题，并利用和发挥它们的位置优势和成本优势，为教育资源的综合利用打下基础。

积极为学生的学习与发展创造有利环境，想方设法改善学生学习条件。学校是培养儿童健康心理的重要阵地。如果学校和教师能够给流动儿童创造一个和谐的环境，不让他们感受到歧视，这些孩子也就不会再自卑与孤僻。教师对流动儿童应格外关心，对家庭背景、智力水平、教养程度不同的学生应给予平等的待遇，消除他们的自卑感，使其尽快适应新的学习环境。教师在关注流动儿童学习情况的同时，还应充分关注他们的心理状况，及时了解其可能出现的

心理问题，并对其进行及时、正确的引导，保障流动儿童的心理健康。

同时，学校和教师还应该关注流动儿童与同伴群体的交往。好的集体环境与同伴氛围对流动儿童的心理健康具有积极的影响，在这样的环境中，流动儿童也能够实现心理的健康发展。因此，教师要做到为流动儿童提供这样一个良好的环境，教师可以通过开展多样的活动，引导孩子接受积极、健康的文化，在活动过程中与孩子建立亲密的朋友关系。同时，教师在组织活动时，还应注意采取适当的形式引导流动儿童妥善处理与同伴间的矛盾。

学校还应充分发挥其教育资源，对流动儿童家长进行家庭教育方法的指导，使家长更多地了解正确的教育方法。这对流动儿童家长来说是一种启蒙，也是他们迫切需要的。

（三）家长应转变观念，完善家庭教育氛围

对于流动家庭来说，由于父母工作的流动性，其家庭经常处以一种不稳定的状态，这也增强了孩子的不安全感，使其对父母更加依赖，对父母的行为也更为敏感。因此，家长要做到的就是为孩子营造一个温暖、有安全感的家庭氛围，这就要求家长需要做到在孩子的成长过程中尊重孩子的主观意愿和科学规律，使孩子在自己的主观意愿下自然地成长。同时，家长还应转变仅仅给予孩子物质条件的想法，应抽出更多的时间与孩子进行交流，更多地参与孩子的成长过程中。

（四）提高流动儿童自我认知水平，促进流动儿童自尊自强

对于流动儿童的心理健康成长来说，一个重要的问题就是要提高流动儿童的自我认知水平。对于流动儿童来说，在流动的生活中，他们所接受到的外界消极和负面的评价过多，这就容易使其产生自卑、逆反等心理。因此，无论是家长还是教师，都应该通过教育提高孩子的自我认知水平。例如，家长和教师可以通过对孩子讲名人故事的方式，告诉他们许多名人在童年的生活都是十分艰苦的，而他们正是在与艰苦的生活环境的斗争中，逐渐走向成功的。通过讲这些故事，孩子能感受和学习他们的精神，做到自尊自强，不被他人的评价所左右，正确认识自己，树立积极向上的人生目标。

第三节　离异儿童心理问题与心理健康教育

一、离异对儿童心理造成的影响

父母离异会给孩子的家庭生活环境带来巨大的变化。父母离婚后，原本和谐、完整的家庭生活被打乱，父母对孩子的作用也在减弱。父母的离异会使孩子陷入深深的痛苦之中。父母离异会造成家庭结构的分离，因此，儿童在父母离异后会表现出一些适应困难的问题，表现为在家庭中情绪不稳定、在学校注意力不集中等问题，并发展为一定的逆反行为如离家出走、逃学等。不同年龄段的孩子对父母离异的认识也不同，年龄较小的孩子会将父母的离异归结为自己的责任，并由于父母的离异产生强烈的分离焦虑；而大一点的孩子则能够认识到父母的离异是由双方的感情变化造成的。在一些情况下，父母的离异反而会激发出儿童的成熟行为，如学会独立生活、开始承担起家庭的责任等。

对于大多数儿童来说，一般在两年后，父母离异所带来的适应困难问题就可以得到解决，但是也有少部分儿童的适应困难会持续到成人时期。有研究表明，要使儿童更快地适应父母离异后的新环境，克服心理创伤，关键在于儿童的父母能否重建有效的教育方式，特别是监护人一方应妥善应对压力。

离婚虽然会对孩子产生压力，但其影响是间接的，是通过家庭形态的改变而衍生形成的。研究表明，只要孩子受到良好的照顾，在任何形态的家庭（包括单亲家庭、未婚同居家庭、传统双亲家庭等）中成长的孩子，在智力、创造力、亲子关系、活动能力、竞争力以及情绪化等方面都无任何显著差异。所以，在孩子成长过程中，最需要的是大人的爱护与关怀，至于哪一种家庭形态并不是最重要的，离异也并不一定会造成子女严重的心理后果。虽然在大多数情况下，对孩子来说父母离婚是一件不幸的事情，但仍有10%左右的孩子将父母离婚视为一种解脱。这些孩子通常年龄较大，曾受家庭不和及冲突之苦，因此离开经常争吵与暴力的环境，进入安稳、平静的单亲家庭，对这些孩子而言未尝不是一种解脱，他们反而能获得更好的成长及心理环境。此外，离异也并非完全造成消极影响，孩子在单亲家庭生活，由于必须承担家务，因而会更独立，且更具责任感。

对儿童来说，父母离异后，他们的生活、亲子关系、人际交往等都会发生巨大的变化，因此他们需要很长的时间去适应这种变化。在这一适应的过程中，如果缺少父母或他人的支持，孩子的心理就可能会受到严重的伤害。很大一部分儿童的短期发展障碍、情绪低落、行为障碍等与父母离异有关。在父母离异的前两年里，离婚家庭儿童往往比完整家庭儿童表现出更多的反社会和不良冲动行为，以及更多的攻击性、依赖性、不顺从以及焦虑和沮丧，在社会关系方面有更多的困难，在学校里也有更多的行为问题。

二、离异儿童的心理问题与成因

（一）离异儿童的心理问题

1. 自卑心理

父母的离异是由于双方间关系破裂，因此离婚前的父母双方在家庭中不是经常的激烈争吵就是长期的冷战。父母双方之间的争吵会给孩子的心理造成极大的伤害，导致孩子情绪低落、悲伤。而父母离婚后，孩子是由父母中的一方抚养的。因此，家庭的分离也会造成家庭经济条件的降低。这两个方面的原因，都会使孩子形成自卑的心理。

2. 逆反心理

逆反心理即完全按照与父母所提的要求相反的方向行事的心理，这种心理主要是由于父母在离异过程中的一些消极行为造成了孩子对父母的厌恶和对抗，例如在由于第三者插足的原因导致的离异家庭中，孩子对过错的一方家长，会表现出极为强烈的逆反。孩子对家长的这种逆反甚至还会延伸到对老师和同学的态度中，造成孩子的孤僻与不合群，对孩子的心理健康具有严重的影响。

3. 仇视与报复心理

父母的离异还有可能使孩子产生仇视心理。孩子会因父母的离异而仇视父母，进而扩展到仇视学校，严重地还会形成仇视社会的心理。这种仇视心理还会引发孩子的报复行为，以宣泄其内心的仇视与不满。

（二）离异家庭儿童心理问题的成因

1. 家庭因素

首先，父母离异给孩子所造成的一系列消极影响，其根源就在于家庭关系的变化。在离婚前，父母双方由于关系的破裂就存在激烈的冲突，并且即便完成离婚手续后，父母双方的冲突也可能会延续下去。并且，离异后这种冲突还可能会由于离婚带来的财产、人际关系的变化而加剧。一系列的问题也会使父母陷入消极情绪中，而这时孩子由于父母的离异也产生了适应困难的问题，这期间，孩子正是最需要父母的关爱与支持。因此，父母如何调节情绪，照顾子女，也成为影响孩子心理健康的重要原因。有的父母在离婚后，个人陷入负面情绪中，从而忽视了与孩子的关系，在负面情绪的影响下，父母通常表现出脾气暴躁，对孩子失去耐心，甚至还有的父母通过对孩子实施暴力以发泄对离异的怨恨和不满。这些都给孩子的心理健康造成严重的伤害。

其次，离异也会使父母对孩子的教育出现偏差。有的父母出于离异会对孩子产生愧疚之情，有的父母则会在离婚后将孩子作为自己最重要的精神依托，这就会造成他们对孩子的溺爱和放纵，这也是离异儿童出现问题行为的重要原因。

最后，对于离异儿童来说，家庭成员之间的关系也是影响其心理健康的重要因素。对于离异儿童来说，与原生父母保持密切的联系，能够有效帮助其适应父母离异带来的变化。而与再婚家庭的父母建立良好的关系，也有助于减少父母离异对孩子在心理上所带来的不良影响。因此，两个家庭之间的良好关系，对于离异儿童的心理健康具有积极的作用。

2. 同伴及教师因素

在孩子适应父母离异事实的过程中，教师与同伴也发挥着重要的影响。

对于儿童来说，即使生活在完整家庭也会与父母有心理距离，他们特别看重同龄人的反应。因此，同伴群体对离异儿童的接纳程度对其心理健康有着重要的影响，如果离异儿童由于家庭的离异造成同伴对其排斥，这就会给他的心理造成严重的伤害，这种伤害的严重程度甚至超出了父母离异对其所带来的伤害。而如果离异儿童不仅没有受到同伴的排斥反而得到同伴积极的帮助，那么其就能早日走出父母离异所带来的伤害。

对于离异儿童来说，学习生活是其生活中的重要组成部分，学习成绩的好坏对其今后的发展具有重要的影响。对于父母来说，他们也十分关心孩子的学习问题。父母在离异后，对于孩子在学习成绩上的期许也会提高，这也会影响亲子间的关系。而对于孩子来说，父母的离异会使其受到一定的消极影响，导致其学习成绩的下降。而在这时，如果教师能够给予其及时的帮助，不仅能够保证孩子的学习成绩，还能够通过给予一定的帮助，消除离异儿童的无助感。此外，教师应合理地安排文体活动、兴趣小组、少先队活动等团队生活，引导离异家庭儿童积极参加，强化其自信心，增加其人际交往的机会，这些对儿童的发展都会产生积极的影响。

3. 个人因素

认知在儿童的适应行为调整中起着重要的作用。认知水平影响儿童内心对父母离异事实的理解。幼小的孩子可能认识不到离异是由父母之间的矛盾造成的，往往会从自我中心的角度考虑离异的问题，认为父母一方是要遗弃自己。这时，父母表示出仍会继续爱护照顾孩子就相当重要。稍大的孩子能够理解离异这一事实，但却并不能了解真正的原因。认知发展达到了形式运算阶段的孩子才能很好地理解父母离异的原因，也能开始考虑父母监护权、未来生活安排等。

三、离异儿童的心理健康教育

（一）帮助儿童正确认识所处情境

由于家庭结构遭到破坏，离异家庭的儿童在与同伴的比较中处在不利的地位，因而缺乏自信，容易形成自卑、自抑等不良性格特征。因此，帮助儿童正确地认识自己的处境，不以外在的不利条件来否定自我，这是抵御离异对儿童造成压力的重要因素。教师要使孩子明白离婚并没有使其能力受到丝毫的损害，应鼓励孩子从环境中发现对自己有利的因素，要让离异家庭的儿童明白比起其他更不幸的儿童（如孤儿、残疾儿童等），他们是幸运的，他们没有理由自暴自弃；另外，要教导儿童把离异带来的不利因素当作对自己能力的一种挑战，使离异家庭儿童把教师的特殊关爱当作促进自己学习的力量，把分担家务当作自己成熟而有责任感的表现。

（二）培养孩子自我控制和应对能力

离异家庭儿童将比完整家庭儿童更容易遭遇忽视、歧视和经济状况拮据等情况，良好的自我控制是其适应这些情况的关键要素。教师应指导离异家庭儿童学会控制情绪，并让其经常体验到成功。

离异家庭儿童在与亲友相处中应知道如何从容应对。比如，当某位亲友陪伴其到公园尽兴游玩时，离异家庭儿童应学会说："你陪我玩，我感到非常高兴，像又回到了从前。"这样，亲友就愿意更多地参与孩子的生活。离异家庭儿童也应学会与非监护父母从容交流，如与非监护父亲一起吃饭时，不妨对父亲说："爸爸，我今天非常开心，您陪我吃饭，使我想起了小时候跟您在一起的情景。"这样的话语可以唤起父亲对其更多的关爱。

（三）建立新的家庭关系

离异家庭儿童与监护父母及非监护父母之间应尽快建立新的关系。离异虽然使父母的夫妻关系结束，但仍是孩子的父母，仍应承担起抚养与教育孩子的义务。离婚父母应继续积极参与孩子的成长过程，共同肩负起对其的教养责任。

有关专家建议离婚夫妻可以"合作父母""双核心家庭"的方式继续教养孩子。

除此之外，离异父母应学会自我调适，以积极的心态接受离异的事实，对未来的生活要充满信心。父母不要在孩子面前显露出消极情绪，不能因为自己内心的怨恨，而逼迫子女憎恨另一方，不要将所有的问题都归咎于另一方，更不要强迫孩子选择父母一方的立场。

家庭结构发生变化后，离异夫妻双方应尽早建立新的秩序，包括父母的教养方式、新的生活规范、家庭事务的安排、家庭与外界的联系等。与此同时，要让孩子承担一定的家庭责任，使其对家庭产生较强的归属感。离异家庭在重新建立稳固的家庭结构过程中，不妨向外界求助，以弥补家中缺乏男性或女性的缺憾。

（四）教师及同学提供特殊的帮助

学校的教师和同学应积极地参与离异家庭儿童的生活和学习活动中，将对这些儿童的适应能力的提高起到积极的作用。

离异家庭儿童，尤其是年龄稍长的儿童会对父母失去信任甚至产生怨恨。教师应该为离异家庭儿童提供特殊的帮助，加倍关心他们的学习和生活，化解孩子与父母的矛盾。对于离婚事件给孩子学业带来的不良影响，教师要积极帮助孩子解决学习上的困难，必要时应该进行个别辅导，减少孩子的学习挫折。离异还会影响孩子的自信心，教师应经常鼓励孩子，及时发现孩子的优点并予以表扬。

同伴的理解和接纳是孩子消除心理压力的重要途径。教师应该鼓励正常家庭儿童积极帮助和支持离异家庭儿童，并为离异家庭儿童提供为大家服务的机会，这不仅有利于离异家庭儿童成就感的提高，也能改善集体对他们的看法。

学校丰富多彩的集体活动能使离异家庭儿童尽情投入，释放压力。教师可有意安排一些集体活动，使孩子们为了共同的目标通力合作，这样既可提高离异家庭儿童的人际交往能力，又可增进其集体感和归属感。

总之，教师在开展离异家庭儿童心理健康教育时，必须充分发挥有利因素的影响，积极克服和消除不利因素的影响。

第四节　网络成瘾儿童心理问题与心理健康教育

一、儿童网络成瘾问题

近年来，互联网的发展越来越迅猛，普及程度也越来越高。人们的工作和生活与网络的关系也越来越密切，现代人使用网络的时间也越来越长。因此，不少人在长时间的使用网络后，在心理上产生极强的依赖感，甚至达到了成瘾的程度。之所以以成瘾表述这种现象，是因为网络的成瘾与酒精成瘾、赌博成瘾一样，会使成瘾者难以节制，对其正常的工作、学习和生活造成破坏性的影响。随着网络的普及，网络成瘾的现象也在日益受到人们的关注。特别是对于儿童来说，网络的普及使其也能够接触到网络，而由于儿童的年龄特点，其极易出现网络成瘾的问题，严重影响着儿童的健康成长。

在儿童的网络成瘾中，游戏成瘾占有极大的比重，不少儿童对电脑、游戏达到了痴迷的状态。2018 年 6 月，世界卫生组织正式将游戏成瘾列入精神疾病，并提出以下游戏成瘾的 3 条诊断标准。

①对玩游戏的控制力受损。

②玩游戏的重要程度高于其他兴趣爱好和日常生活。

③即使导致了负面影响，游戏行为仍在继续和升级。

同年，我国也发布了《中国青少年健康教育核心信息及释义（2018 版）》，对网络成瘾的定义及其诊断标准进行了明确界定。

二、网络成瘾儿童的心理问题与成因

（一）网络成瘾儿童的心理问题

1. 成瘾初期的精神依赖

患者在成瘾初期主要是通过上网不断感受到乐趣，并且由于这种乐趣而不断延长上网的时间。如果不能够上网，就会产生严重的不适感，表现出焦虑、抑郁等负面情绪，只有上网后，精神状态才能恢复至正常。

2. 成瘾中期的躯体依赖

患者在每天起床后或中断上网时表现为思维迟缓、头昏眼花、双手颤抖、疲乏无力、食欲不振等症状。上网以后，上述症状才能得以部分或完全缓解。

3. 网络成瘾晚期的心理问题

在网络成瘾晚期，患者出现与生理因素无关的外表憔悴，体重减轻，免疫

机能下降，心血管疾病、胃肠神经官能症、紧张性头痛等并发症，不愿与外界交往，人格明显改变，意志减退，丧失自尊，行为孤僻怪诞，人际关系紊乱，最终导致学习、工作、家庭生活等方面受到损害；一旦停止上网，患者就会出现急性戒断综合征，甚至有可能采取自残或自杀手段，危害个人和社会安全。网络成瘾者倾向于否认过度上网以至于给自己的学习、工作和生活造成了损害。

（二）网络成瘾儿童心理问题的成因

1. 个人原因

对于儿童来说，导致其网络成瘾的原因多种多样，例如：性格内向、社交能力不强、缺少朋友；家庭环境畸形，亲子关系较差；网络世界诱惑力太大，儿童自制力差；家庭条件较差，渴望从网络世界中获得尊重；等等。儿童的网络成瘾有时不是由一种原因所导致的，而是多种因素综合作用的结果。

2. 家庭原因

父母对于孩子的成长有着重要的影响，特别是亲子间的关系，对儿童的成长与心理健康有着重要的影响。相关研究发现，在儿童网络成瘾问题中，存在普遍的"父亲功能"缺失现象。父亲的角色在孩子的成长中，具有较强的规范性和力量性，从而对孩子的行为进行规范。而不少儿童的网络成瘾的一个重要原因就是父亲角色的缺失造成的对孩子行为规范不足。外出务工、离异等都会造成"父亲功能"的缺失，从而导致儿童的网络成瘾。

3. 学校原因

对于儿童来说，其在成长的过程中，自我性不断增强。他们对学校安排的知识不感兴趣，而对获得外界对自身的评价感兴趣。然而，学校并没有注意到学生在这方面的需求，没有为其提供相应的知识。并且，学生从学校获得的评价大多都是负面的，因此，他们也希望从其他的地方获得补偿，而网络就是其所选择的途径。此外，较重的学业压力也迫使儿童寻求放松与解脱，便选择在网络世界中逃避现实。

三、网络成瘾儿童的心理健康教育

（一）家长对网络成瘾儿童的心理健康教育

首先，家长应建立良好的亲子关系。父母在孩子的成长过程中始终处于一个非常重要的位置，亲子沟通质量的好坏往往决定孩子成长得好坏。良好的亲子关系有助于培养孩子健全的人格和良好的社会适应能力。

其次，家长在对孩子的养育上应该采取更加科学的方式。研究表明，青少年网络成瘾和家庭教育方式密切相关，父母的养育方式影响孩子的人格形成。另外，如上所述，在儿童网络成瘾问题中，普遍存在着"父亲功能"缺失的问题，因此，网络成瘾儿童的心理健康教育也应从父亲功能的发挥上入手。

（二）学校对网络成瘾儿童的心理健康教育

对于学校来说，对网络成瘾儿童的心理健康教育应从以下入手。

一是要调整教育目标。学校要努力建构基于尊重学生个性发展要求的，包括思想素质、政治素质、道德素质、心理素质和审美素质等在内的综合目标体系。其中，尊重和满足学生的人格发展要求，培养健全的人格是基础和核心。

二是要改革教育内容。学校应加大人生观教育力度；强化生命教育；填补挫折教育和悲伤教育的空白；加强责任意识教育。

三是要优化心理环境。学校应大力开展校园文化建设；努力建设和谐的人际关系；培养青少年的社会交往能力；培养青少年的成功意识；教会青少年自我调节的方法和技巧。

参考文献

[1] 信春鹰. 中华人民共和国精神卫生法解读 [M]. 北京：中国法制出版社，2012.

[2] 杨广学. 特殊儿童的心理治疗 [M]. 北京：北京大学出版社，2011.

[3] 刘翔平. 学习障碍儿童的心理与教育 [M]. 北京：中国轻工业出版社，2010.

[4] 雷江华，邓猛. 天才儿童教育 [M]. 武汉：华中师范大学出版社，2011.

[5] 贺荟中. 听觉障碍儿童的发展与教育 [M]. 北京：北京大学出版社，2011.

[6] 胡向阳. 听障儿童全面康复 [M]. 北京：北京科学技术出版社，2012.

[7] 刘春玲，马红英. 智力障碍儿童的发展与教育 [M]. 北京：北京大学出版社，2011.

[8] 刘翔平. 儿童学习障碍 100 问 [M]. 北京：北京师范大学出版社，2011.

[9] 石学云. 学习障碍儿童的心理与行为 [M]. 西安：陕西师范大学出版总社有限公司，2012.

[10] 张文京. 特殊教育课程理论与实践 [M]. 重庆：重庆出版社，2014.

[11] 朱楠，蔡迎旗. 特殊儿童发展与学习 [M]. 武汉：武汉大学出版社，2016.

[12] 王淑荣，邢同渊. 特殊儿童早期干预 [M]. 北京：中国轻工业出版社，2014.

[13] 程黎. 特殊儿童早期干预 [M]. 北京：北京师范大学出版社，2012.

[14] 刘建梅，赵凤兰. 特殊儿童早期训练与指导 [M]. 上海：复旦大学出版社，2013.

[15] 李淑英，王喜军，刘迪. 特殊儿童感觉统合训练理论与实践 [M]. 天津：天津教育出版社，2014.

[16] 陈顺森，白学军，张日昇. 自闭症谱系障碍的症状、诊断与干预 [J]. 心理科学进展，2011（1）.

[17] 段成荣，吕利丹，郭静，等. 我国农村留守儿童生存和发展基本状况——基于第六次人口普查数据的分析 [J]. 人口学刊，2013（3）.

[18] 范兴华，方晓义，刘杨，等. 流动儿童歧视知觉与社会文化适应：社会支持和社会认同的作用 [J]. 心理学报，2012（5）.

[19] 孙晓军，周宗奎，汪颖，等. 农村留守儿童的同伴关系和孤独感研究 [J]. 心理科学，2010（2）.

[20] 马瑾，潘宿奎. 学习障碍儿童心理行为问题研究 [J]. 中小学心理健康教育，2010（7）.